Knaur

Von Erich Bauer sind außerdem erschienen:

Der Mondplaner für Liebe, Gesundheit und Beruf
Das astrologische Gesundheitsbuch
Die Kraft der Ahnen. Familienschicksale im Horoskop
Das Reise-Horoskop. Mit den Sternen in den Urlaub

Über den Autor:

Erich Bauer, geb. 1942, war viele Jahre in therapeutischen Kliniken als Diplompsychologie und Therapeut tätig. Seit 1980 intensive Beschäftigung mit Astrologie. Studium in Indien und den USA, seit dieser Zeit Anwendung der Astrologie gemeinsam mit psychologischen Methoden.
Erich Bauer ist Chefastrologe der weltweit größten Astrologie-Zeitschrift *»Astrowoche«*, bekannt durch regelmäßige astrologische Beiträge in Zeitschriften, Radio und im Fernsehen und Verfasser zahlreicher Veröffentlichungen über Astrologie und verwandte Themen. Seit vielen Jahren betreibt er eine eigene astrologisch-therapeutische Praxis in München und führt Seminare und Einzelsitzungen zum Thema *»Astrologische Familientherapie«* durch.

Erich Bauer

Skorpion

24. 10. – 22. 11.

Alles über den Skorpion:

Liebe • Gesundheit • Beruf

Illustrationen von Isabella Roth

Knaur

Besuchen Sie uns im Internet:
www.knaur.de

Originalausgabe 2001

Redaktion: Ralf Lay
Umschlaggestaltung: Zero Werbeagentur, München
Illustrationen: Isabella Roth, Hamburg
Layout und Satz: Sabine Hüttenkofer, München
Druck und Bindung: Clausen & Bosse, Leck
Printed in Germany
ISBN 3-426-77549-2

Für Vardan, Costa und Carmen

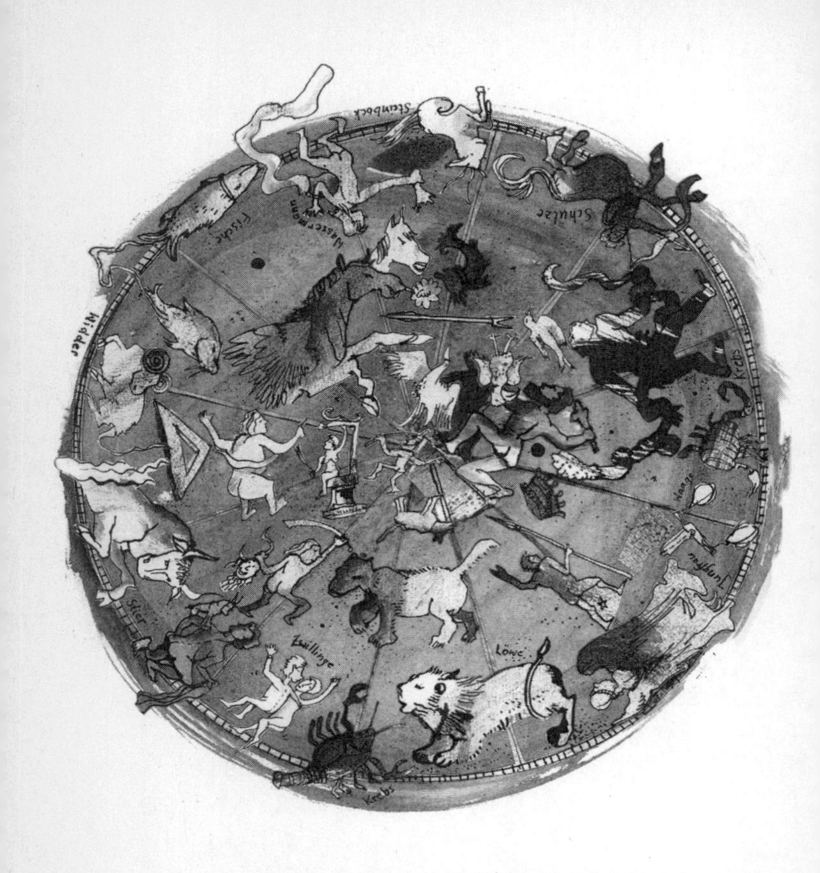

Die Sternzeichen des nördlichen Tierkreises bilden die Grundlage der Astrologie

INHALT

VORWORT

Astrologie ist eine wunderbare Sache.
Sie verbindet den Menschen mit dem Himmel, richtet seinen Blick nach oben in die Unendlichkeit. Vielleicht steckt hinter der Beschäftigung mit Astrologie zutiefst die Sehnsucht nach unserem Ursprung, unserem Zuhause, nach Gott – oder wie immer man das Geheimnisvolle, Unbekannte nennen will.

Astrologie ist uralt und trotzdem hochaktuell.
Die ersten Zeugnisse einer Sternenkunde liegen Tausende von Jahren zurück. Und dennoch ist sie brandneu. Es scheint, als hätte sie nichts von ihrer Faszination eingebüßt. Natürlich hat sich die Art und Weise astrologischer Beschäftigung verändert. Während früher noch der Astrologe persönlich in den Himmel schaute, studiert er heute seinen Computerbildschirm. Damals konnte man nur von einem Kundigen eingeweiht werden, heute finden sich beinahe in jeder Zeitung astrologische Prognosen.

Astrologie ist populär.
Jeder kennt die zwölf Tierkreiszeichen. Man kann eigentlich einen x-beliebigen Menschen auf der Straße ansprechen und ihn nach seiner Meinung befragen: Er weiß fast immer Bescheid, sowohl über sein eigenes Sternzeichen als auch über die meisten anderen. Die zwölf astrologischen Zeichen sind Archetypen, die im Unterbewußtsein ruhen und auf die man jederzeit zurückgreifen kann.

Astrologie schenkt Sicherheit.
Der einzelne findet sich eingebettet in einer gütigen und wohlwollenden Matrix, ist aufgehoben, hat seinen Platz, so wie auch alle anderen ihren Platz haben.

Astrologie kann gefährlich sein.
Sie kann sowohl den Astrologen wie auch seine Klienten dazu verleiten, sich aus der Wirklichkeit auszublenden. Ersterem scheint sie ein schier perfektes System zu liefern: Konstellationen, die sich auf Bruchteile von Sekunden berechnen lassen, blenden und machen

glauben, man habe es mit einer exakten Wissenschaft zu tun. Genau das ist aber falsch. Die Astrologie ist viel eher eine Kunst oder eine Philosophie als eine Naturwissenschaft. Ihre Vorhersagen sind immer nur ungefähr, zeigen eine Möglichkeit, geben aber keine Garantie. Astrologen wie Ratsuchende driften, wenn sie nicht achtgeben, leicht in eine Pseudowelt ab. In ihr ist zwar alles in sich stimmig, allein es fehlt am validen Bezug zur Wirklichkeit.

Ich bin Astrologe aus Passion. Ich lebe in dieser Welt, aber ich weiß auch, daß sie nicht alles offenbart. Ich freue mich, die Gestirne als Freunde zu haben, und glaube, daß ich so mein Schicksal gütig stimme. Das ist eine Hoffnung, kein Wissen.

Ist Astrologie dann ein Religionsersatz?

Vielleicht. Aber genausogut könnte man auch die Religionen als einen Ersatz für Astrologie bezeichnen. Die Sterne waren jedenfalls zuerst da. Ich betrachte die Planeten wie »Götter«. Aber das tue ich nur, um die Würde zum Ausdruck zu bringen, die ihnen meiner Meinung nach zu eigen ist. Ich weiß jedoch auch, daß sie nicht der Weisheit letzter Schluß sind. Dahinter existiert noch etwas Größeres, Mächtigeres, Unfaßbares.

Am meisten begeistert mich, daß mir die Astrologie die Augen geöffnet hat für die Vielfalt des Lebens. Man neigt doch so sehr dazu, die Welt als einen Teil von sich selbst zu erleben, entweder passend oder nicht – richtig oder falsch. Mit Hilfe der Astrologie habe ich erfahren, daß es verschiedene Prinzipien gibt und damit auch ganz verschiedene Menschen.

Ich wünsche Ihnen beim Lesen Spaß, Spannung, etwas Skepsis – und daß Sie sich selbst und andere besser verstehen.

Erich Bauer im Frühjahr 2001

Eine kurze Geschichte der Astrologie

Am Anfang jeder Geschichte der Astrologie steht das Bild des nächtlichen, mit Sternen übersäten Himmels. Der Mensch früherer Zeiten hat ihn sicher anders erlebt als wir. Er wußte nichts von Lichtjahren und galaktischen Nebeln. Er erschaute das Firmament eher vergleichbar einem Kind. Und als Kind der Frühzeit sah er sich nicht, wie wir heute, als getrennt von diesem Himmel, sondern als eins mit ihm. Er fand sich in allem und fand alles in sich. Und er folgte dem Rhythmus dieses großen Ganzen, ähnlich wie ein Kind seiner Mutter folgt. Dabei fühlte er sich wohl getragen und geborgen.
Wann die Menschheit anfing, sich aus diesem Gefühl der Allverbundenheit zu lösen, ist schwer zu sagen. Die überlieferten Zeichen sind rar und rätselhaft. Aber als der Homo sapiens begann, die Sterne zu deuten, war er dem großen Ozean seit Äonen entstiegen, er sah sich und den Himmel längst als getrennte Einheiten. Doch kam es irgendwann dazu, daß der Mensch Beziehungen zwischen den Sternbildern und dem Leben auf der Erde wiederentdeckte, deren Kenntnis er eigentlich schon immer besaß. Beispielsweise erlebte er, daß ein Krieg ausbrach, während am Himmel ein Komet auftauchte und die normale Ordnung der Sterne störte. Oder er empfand großes Glück, während sich am Himmel zwei besonders helle Lichter trafen. Er begann solch auffällige Lichter mit Namen zu versehen: »Helios« beispielsweise – oder »Jupiter«, »Mars« oder »Venus«. Er ging sogar dazu über, bestimmte Sterne als Gruppen (Sternbilder) zusammenzufassen und ihnen Namen zu geben, etwa »Widder« oder »Großer Wagen«. Immer wieder beobachtete er typische Gestirnskonstellationen, die parallel zu markanten Ereignissen auf der Erde auftraten. Nach den Gesetzen der Logik entwickelte er aus diesen Zusammenhängen mit der Zeit eine Wissenschaft, die Astrologie, die ihm zum Beispiel die Schlußfolgerung erlaubte, daß auf der Erde Gefahr droht, wenn Mars in das Tierkreiszeichen Skorpion eintritt. So fand der Mensch allmählich seine verlorene Einheit wieder und baute eine Brücke, die ihn mit seinem Urwissen verband, das er im Inneren seiner Seele aber nie wirklich verloren hatte.

DER URSPRUNG

Die Urheimat der Sternkunde war nach heutigem Erkenntnisstand Mesopotamien, das Land zwischen den Flüssen Euphrat und Tigris, das jetzt Irak heißt. Dort war der menschliche Geist wohl am kühnsten und vollzog als erster endgültig die Trennung zwischen Mensch und Schöpfung. Die Sterne am Himmel bekamen Götternamen, etwa den des Sonnengotts Schamasch und der Göttin Ischtar, die auch als Tochter der Mondgöttin verehrt wurde und die sich als leuchtender Venusstern offenbarte. Da der Mond, die Sonne und einige andere Lichter im Vergleich zu den Fixsternen scheinbar wanderten, nannte man diese Planeten »umherirrende« oder »wilde Schafe« und unterschied sie von den »festgebundenen« oder »zahmen Schafen« – den Fixsternen, die vom Sternbild Orion, dem »guten Hirten«, bewacht wurden. Der größte Planet des Sonnensystems, mit heutigem Namen »Jupiter«, war im Land zwischen den zwei Strömen ein Sinnbild des Schöpfergottes Marduk. Sein Sohn und Begleiter hieß »Nabu« und wurde später zu »Merkur«. Das rötlich funkelnde Gestirn Mars wiederum war die Heimat des Herrn der Waffen, der genauso als Rachegott angesehen wurde. Saturn war ebenfalls bereits entdeckt worden und wurde als eine »müde Sonne« betrachtet. Außerdem galt er als Gott der Gerechtigkeit, Ordnung und Beständigkeit. Gemeinsam mit anderen Göttern erhob sich schließlich der Rat der zwölf Gottheiten, und damit hatten auch die zwölf verschiedenen astrologischen Prinzipien ihren Auftritt. Zu all diesen Erkenntnissen kam man im Zweistromland etwa zwischen dem 7. und 4. vorchristlichen Jahrhundert.

Man hat Tafeln aus dem 2. Jahrhundert vor Christus gefunden, auf denen Beobachtungen über den Lauf von Sonne, Mars und Venus eingezeichnet waren. Auch Zeugnisse von ersten Geburtshoroskopen stammen aus dieser Zeit. Im Jahr 1847 wurden bei den Ruinen von Ninive 25 000 Tontafeln ausgegraben. Man datierte sie ins Jahr 600 vor Christus. Auf einem Teil dieser Tafeln befinden sich Weissagungen, die, mit etwas Zeitgeist aufgefrischt, ohne weiteres der astrologischen Seite einer modernen Tageszeitung entstammen könnten: »Wenn Venus mit ihrem Feuerlicht die Braut des Skorpions beleuchtet, dessen Schwanz dunkel ist und dessen Hörner hell leuchten, so wird Regen und Hochflut das Land verwüsten.«

Das ist eine »professionelle« astrologische Vorhersage. Damit war Spezialistentum an die Stelle einer ganzheitlichen Naturerfahrung getreten. Denn inzwischen hatte nur der fachkundige Astrologe die Zeit und das Wissen, den Himmel zu studieren, um daraus Rückschlüsse auf die Ereignisse im Weltgeschehen zu ziehen. Bald mußte dieser Fachmann auch nicht einmal mehr den Himmel selbst beobachten. Spätestens im 1. Jahrhundert vor Christus gab es Ephemeriden. Das sind Bücher, aus denen die Stellung der Gestirne zu jeder beliebigen Zeit herausgelesen werden kann. Die Astrologie, wie sie auch heute noch betrieben wird, war damit endgültig geboren.

DIE BLÜTE

In den nun folgenden anderthalbtausend Jahren erlebte die Astrologie eine Blütezeit kolossalen Ausmaßes. Dafür steht ein so bedeutender Name wie Claudius Ptolemäus. Er lebte im 2. Jahrhundert nach Christus und vertrat das geozentrische Weltbild mit der Erde im Mittelpunkt, auf das sich die Menschheit nach ihm noch länger als ein Jahrtausend beziehen sollte. Er war Geograph, Mathematiker und ein berühmter Astrologe und Astronom, der das bis in unsere Zeit fast unveränderte Regelwerk der Astrologie, den *Tetrabiblos*, welcher aus vier Büchern besteht, verfaßte. Darin riet er zu einer sorgfältigen Gesamtschau des Geburtshoroskops. Er erwähnte auch, daß man bei der Beurteilung eines Menschen ebenso dessen Milieu und Erziehung berücksichtigen solle, was einer modernen ganzheitlichen psychologischen Betrachtungsweise entspricht.
Eine spätere Berühmtheit in der Geschichte der Astrologie war Philippus Theophrastus Bombastus von Hohenheim (1493–1541), der sich selbst stolz Paracelsus nannte. Er war Arzt, Alchimist sowie Philosoph, und von ihm stammt jener von Astrologen so oft zitierte Satz: »Ein guter Arzt muß immer auch ein guter Astronomus sein.« Dazwischen lebte der Bischof Isidor von Sevilla (560–636). Er schrieb, ein Arzt solle immer auch sternkundig sein. Erwähnt werden muß natürlich die berühmte weibliche Vertreterin einer sternenkundigen Heilkunst, Hildegard von Bingen (1098–1179). Sie war fasziniert von den Analogien zwischen Himmel und Erde, sammelte Kräuter, pflanzte sie im Klostergarten an und schrieb über die Wirkung der Mondphasen. Natürlich war die heilige Hildegard nicht der einzige weibliche astrologisch denkende Mensch. Aber ihr Name sei hier stellvertretend genannt für

all die Frauen, die als Tempelpriesterinnen, Nonnen und angebliche Hexen ihr ganzheitliches Wissen über die Jahrhunderte hinweg weitergegeben haben.
Bis ins 16. Jahrhundert dauerte die Hoch-Zeit der Astrologie. Beinahe alle angesehenen Denker – wie Platon und Aristoteles im Altertum, Naturwissenschaftler wie Nikolaus Kopernikus (1473–1543), Johannes Kepler (1571–1630) und Galileo Galilei (1564–1624) – dachten astrologisch und berechneten auch Horoskope. Am bekanntesten ist das von Kepler angefertigte Horoskop Wallensteins aus dem Jahr 1608. Die Astrologie wurde an den Universitäten gelehrt, und auch viele Bischöfe und einige Päpste förderten die Sternkunde. Wie es heute selbstverständlich ist, daß ein Naturwissenschaftler Einsteins Relativitätstheorie kennt und versteht, so war damals jeder denkende Kopf in der Astrologie bewandert.

DER NIEDERGANG

Bereits Ende des 16. Jahrhunderts hatte die Astrologie ihren guten Ruf in vielen Ländern Europas verloren. Es gab päpstliche Anordnungen wie die Bulle »Constitutio coeli et terrae« von 1586, in der ein Verbot der Astrologie ausgesprochen wurde, und die meisten Universitäten schafften ihren Lehrstuhl für Astrologie ab.
Worauf war dieser rapide Niedergang zurückzuführen? Es gibt sicher zahlreiche Gründe. Der wichtigste ist, daß sich der menschliche Geist von den Fesseln tradierter Vorstellungen zu befreien begann. Er löste sich mit der Reformation von Rom und später mit der Französischen Revolution von seinen königlichen und kaiserlichen »Göttern«. Da war es nur konsequent, sich auch von den »Göttern am Himmel« loszusagen. Der zweite Grund war der, daß sich im Lauf der Zeit grobe Fehler astrologischer Vorhersagen herumsprachen. So hatte es wohl keine Prophezeiung gegeben, die den Dreißigjährigen Krieg oder die Pest rechtzeitig in den Sternen sah. Der dritte Grund wird häufig von den professionellen Astrologen angeführt. Sie behaupten, daß die falschen Propheten, also die unseriösen Astrologen, der wahrhaften Sterndeutekunst das Aus bescherten. Eine Kunst wie die Astrologie lockt natürlich auch faustische Gestalten an, die davon besessen sind, dem Schicksal einen Schritt voraus zu sein. Solche Schwarmgeister

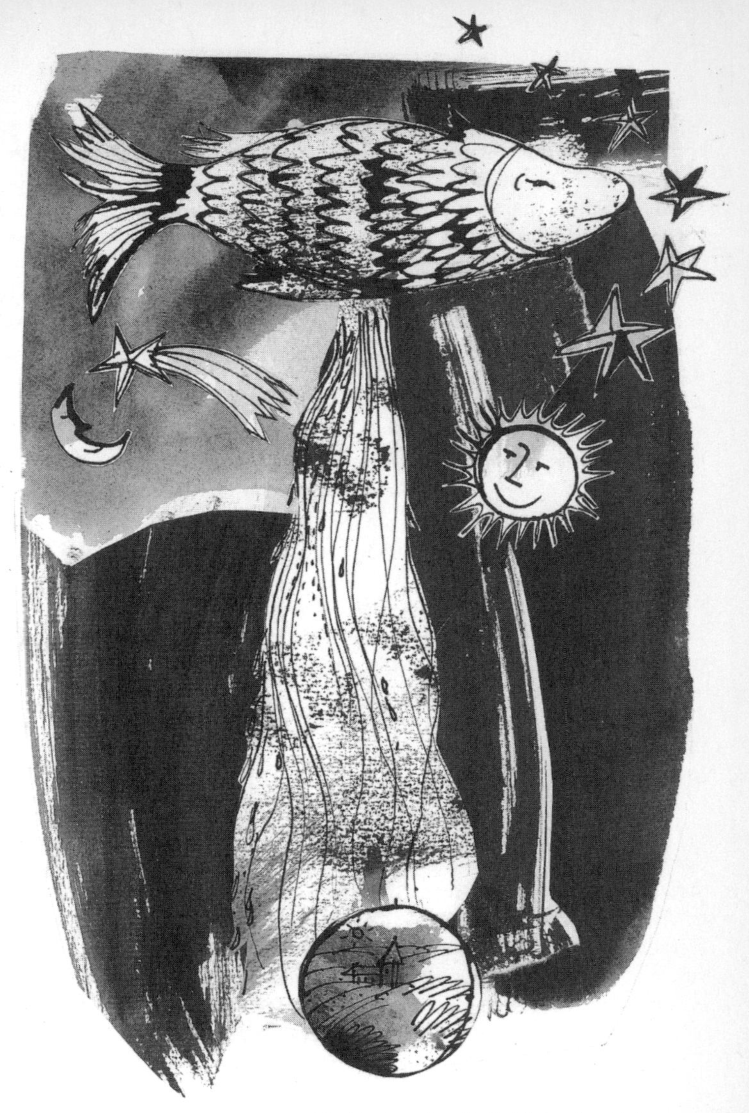

Die 1524 prophezeite Sintflut aufgrund einer Planetenballung im Fischezeichen fand nicht statt

und falsche Propheten haben der Astrologie bestimmt geschadet, besonders auch, weil durch die Erfindung der Buchdruckerkunst jede selbst noch so törichte Prophezeiung in einer hohen Auflage verbreitet werden konnte. Aber den guten Ruf der Astrologie haben letztlich auch sie nicht ruiniert.

Nein, es waren die Astrologen selbst. Als im 16. und 17. Jahrhundert durch immer neue Entdeckungen die Erde ihre zentrale Stellung verlor und sich ein völlig neues naturwissenschaftliches Verständnis durchsetzte, versuchte die Astrologie mitzuhalten und verlor wegen ihrer unhaltbaren Thesen jeden Kredit in den gelehrten Kreisen. Schon Kepler, der seiner Zeit um Jahrzehnte voraus war, hatte die Astrologen gewarnt und ihnen geraten, ihre Kunst nicht auf einen naturwissenschaftlichen, sondern auf einen philosophischen Boden zu stellen. Er sagte, es sei unmöglich, zu denken, daß die Sterne mittels irgendwelcher Strahlungen die menschliche Seele berühren könnten. Er sprach in diesem Zusammenhang von einem astrologischen Instinkt, der im menschlichen Geist verankert sei. Aber sein »psychologischer Ansatz« wurde überhört und ging schließlich völlig unter. Die Astrologen sahen sich im Gegenteil dazu veranlaßt, immer hanebüchenere »wissenschaftliche« Thesen aufzustellen. Die Folge war ein gewaltiges Gelächter der gesamten gelehrten Welt im 17. Jahrhundert, das bis heute noch nicht verklungen ist.

DER NEUBEGINN

Erst im 19. und dann besonders im 20. Jahrhundert besann sich der Mensch wieder vermehrt seiner fernen Vergangenheit. Der Schweizer Psychoanalytiker C. G. Jung etwa sagte, daß die Astrologen endlich darangehen müßten, ihre Projektionen, die sie vor Jahrtausenden an den Himmel geworfen hätten, wieder auf die Erde zurückzuholen. In jeder menschlichen Seele seien die Kräfte der astrologischen Archetypen, der archaischen Urbilder, enthalten und dort wirksam. So wird der Raum am Himmel mit den Zeichen und Planeten zu einer Landkarte menschlicher Anschauung. Dabei ist es nicht so, daß zum Beispiel der Planet Mars die Geschicke *bestimmt*, sondern er *zeigt* durch seine Position den Gesetzen der Analogie folgend *auf*, was in der menschlichen Seele vor sich geht.

Nach seiner jahrtausendelangen Reise heraus aus der Allverbundenheit hat der Mensch also begonnen, den Bezug zu seinen Ursprüngen wiederherzustellen. Er besinnt sich als kritischer und freier Geist darauf, was schon immer in ihm vorhanden war. Damit beginnt die Ära einer psychologischen oder philosophischen Astrologie. Und das ist auch die Geburtsstunde einer Astrologie, die ganzheitlich denkt und arbeitet.
In etwa parallel zu dieser allmählichen Hinwendung zur Psychologie und Philosophie übernahmen Computer mit entsprechender Software den komplexen Rechenvorgang zur Erstellung eines Geburtshoroskops. Bis vor vielleicht zehn, zwanzig Jahren gehörte es zum Standardkönnen eines jeden Astrologen, Horoskope zu berechnen und zu zeichnen. Dies ist sehr wahrscheinlich einer der Gründe, warum Frauen unter den Sterndeutern damals deutlich in der Minderzahl waren. Es ist einfach nicht ihr Metier, sich mit trockenen Zahlen und komplizierten Berechnungen herumzuschlagen, wo es doch um seelische Vorgänge geht – und diese Feststellung ist in keiner Weise abwertend gemeint, denn heute sind Frauen unter den Astrologen bei weitem in der Überzahl.
Der PC spuckt nach Eingabe von Name, Geburtsdatum, -ort und -zeit in Sekundenschnelle das Horoskop aus. Die astrologische Kunst scheint jetzt »nur« noch darin zu bestehen, die Konstellationen richtig zu deuten. Und auch hier ersetzt der Computer mehr und mehr den Astrologen. Es gibt schon seit einigen Jahren Programme, die mit entsprechenden Textbausteinen zu bemerkenswert treffenden Aussagen kommen. Ist dies nun das Ende der Sterndeuter? Ich meine: im Gegenteil! Überlassen wir dem »Computer-Astrologen« ruhig die Grundarbeit. Das spart Zeit. Dafür kann der »Mensch-Astrologe« die einzelnen Fakten im Sinne einer ganzheitlichen Schau zusammentragen und sich völlig dem Verständnis der einmaligen, individuellen Persönlichkeit widmen. Ebendafür ist ein großes Maß an Intuition, die ja gerade eine weibliche Stärke ist, mit Sicherheit von Vorteil.

Teil I DAS TIERKREISZEICHEN

Der astrologische Tierkreis besteht aus zwölf Tierkreiszeichen

WAS IST EIGENTLICH EIN TIERKREISZEICHEN?

Die Erde dreht sich bekanntlich einmal im Jahr um die Sonne. Von uns aus gesehen, scheint es aber so zu sein, daß die Sonne eine kreisförmige Bahn um die Erde beschreibt. Der Astrologie wird vielfach vorgeworfen, sie ignoriere diesen grundlegenden Unterschied. In Wirklichkeit ist er für die astrologischen Berechnungen und Horoskopdeutungen jedoch nicht von Bedeutung.

Diesen in den Himmel projizierten Kreis nennt man »Ekliptik«. Die Ekliptik wird in zwölf gleich große Abschnitte gegliedert, denen die Namen der zwölf Tierkreiszeichen zugeordnet sind. Zwischen dem 24. Oktober und dem 22. November durchläuft die Sonne gerade den Abschnitt Skorpion, weswegen dieses Tierkreiszeichen auch Ihr »Sonnenzeichen« genannt wird.

Jedes Tierkreiszeichen symbolisiert bestimmte Charaktereigenschaften und Verhaltensweisen, die mehr oder weniger typisch für die in dem betreffendem Zeitraum geborenen Menschen sind. Wie schon im Vorwort angedeutet wurde, handelt es sich bei diesen Archetypen allerdings nur um *einen* Aspekt der Persönlichkeit, der durch die Aussagen ergänzt bzw. beeinflußt wird, die sich von dem individuellen Aszendenten und der Tierkreiszeichen-Stellung der anderen Planeten zum Zeitpunkt der Geburt herleiten (dazu später mehr). Für ein wirklich aussagekräftiges Horoskop müssen Sie also auch die übrigen Konstellationen berücksichtigen und sie zu Ihrem Sonnenzeichen in Beziehung setzen.

Ebenso wie der Kreislauf des Jahres wird die Bahn, welche die Sonne an einem Tag scheinbar um die Erde zurücklegt, in zwölf Abschnitte gegliedert. So können etwa Ihr Aszendent und damit der Anfang des ersten Hauses sowie die Mondposition gefunden werden.

In diesem Buch werden nicht alle, aber die wichtigsten Horoskopfaktoren sowie ihre Ermittlung und Bedeutung besprochen. Wenn Sie darüber hinausgehende Informationen wünschen, finden Sie eine Fülle spezieller Fachliteratur dazu. Die genauen Gestirnspositionen zum Zeitpunkt Ihrer Geburt können Sie zum Beispiel den vom Computer errechneten Horoskopzeichnungen entnehmen, die inzwischen von vielen Anbietern verschickt werden (siehe auch die Info am Ende des Buches).

Doch beginnen wir jetzt mit der Betrachtung Ihres Sonnenzeichens, um zunächst einmal herauszufinden, was denn nun »typisch Skorpion« ist.

Tierkreiszeichen Skorpion – DER HINTERGRUND

Fragt man Menschen nach ihrem Tierkreiszeichen, verrät manchmal schon die Art und Weise, wie sie antworten, etwas über ihren Sonnenzeichencharakter. Wenn Sie zum Beispiel einen typischen Widder fragen, wittert dieser sofort eine Herausforderung, eine Chance, sich zu messen: »Raten Sie doch einfach«, wird er vielleicht kontern. Ganz anders ein waschechter Löwe. Wahrscheinlich wirft er sich auf Ihre Frage hin sofort in Pose, streicht sich womöglich noch über das Haar und sagt: »Das sieht man doch!« Eine Jungfrau hingegen schämt sich in der Regel ein wenig ihres Tierkreiszeichens. Eine typische Antwort könnte daher lauten: »Ich bin Jungfrau, doch mein Aszendent ist viel besser …!« Oder: »Ich bin Jungfrau, aber ich halte nichts von Astrologie!«

Wenn Sie einen Skorpion fragen, können Sie zwei typische Antworten erhalten: Der oder die Befragte bekommt entweder einen mysteriösen Blick und sagt: »Das werden Sie nie erraten!« Oder er sieht Sie durchdringend an, so als wolle er bis in Ihr Innerstes schauen, und antwortet mit einer Gegenfrage: »Wozu möchten Sie das wissen?« In beiden Antworten offenbart sich »skorpionische« Eigenart – und jeder dieser Entgegnungen liegt eigentlich das gleiche Wesensmerkmal zugrunde: nämlich daß ein Skorpion niemals die Dinge so nimmt, wie sie sind. »Das werden Sie nie erraten!« meint eigentlich, der Skorpion geht davon aus, daß das, was man von ihm sieht, nicht sein Wesen trifft, er also in Wirklichkeit ganz anders ist. Und die Gegenfrage »Wozu möchten Sie das wissen?« unterstellt, man möchte eigentlich etwas anderes erfahren als lediglich den Namen des Tierkreiszeichens.
Was den Skorpion interessiert, ist der Hintergrund, und das natürlich nicht nur in bezug auf das eigene Tierkreiszeichen. Immer forscht er nach dem eigentlichen, wesentlichen Kern. Der Schein interessiert ihn keinen Deut. Wenn er etwa einen Menschen beschreibt, wird er sich nicht mit Äußerlichkeiten wie Größe, Augenfarbe oder Statur abgeben, sondern gleich sein Wesen zum Thema machen, ihn vielleicht als leidenschaftliche Person oder als Niete charakterisieren. Spricht er über einen Film, schildert er nicht die Abfolge der einzelnen Szenen, sondern die Essenz des Werks.
Hier, wo es um sein Tierkreiszeichen geht, muß daher auch weit ausgeholt werden, will man dem »skorpionischen« Prinzip Genüge tun. Beginnen wir daher ganz am Anfang, sozusagen beim Punkt Null, fangen wir an bei dem übergreifenden Ganzen, in das der Skorpion eingebettet ist, in den Tierkreis.

WER NICHT STIRBT, BEVOR ER STIRBT ...

Alles beginnt mit dem Symbol des Widders. Er steht am Anfang, und er symbolisiert tatsächlich einen Neubeginn. Stellen Sie sich ein Ei vor, das gerade aufbricht, aus dessen Innerem sich ein neues Wesen mit aller Kraft nach außen, hinaus in das Leben drängt. Dann bricht die Schale, das neue Lebewesen nimmt seinen ersten tiefen Atemzug und beginnt den Raum zu erobern. All das gehört zum Tierkreiszeichen Widder: aufbrechen, sich ausdehnen, erobern, einnehmen.

Irgendwann wird unser Neugeborenes vielleicht einen bestimmten Platz als seinen eigenen erleben und versuchen, ihn durch entsprechende Vorkehrungen wie Markierungen oder Abgrenzungen zu seinem Revier, seinem Eigentum zu erklären. Damit haben wir das zweite astrologische Prinzip, nämlich Stier, kurz beschrieben: absichern, Fuß fassen, Raum nehmen, schützen, bewahren, sammeln, aneignen, besitzen.
Das dritte Prinzip, Zwillinge, wirkt in dem Augenblick, in dem unser symbolisches Wesen in seiner Entwicklung anfängt, andere Lebewesen wahrzunehmen und mit ihnen Kontakt aufzunehmen. Eine erste soziale Realität entsteht. Sie ist getragen von der reinen Kenntnisnahme der Fakten wie: »Ich bin so, und du bist anders, und der dort ist nochmals ganz anders als wir beide.«
Mit dem vierten Zeichen, dem Krebs, beginnt eine neue Seinsebene: Sie handelt von der Eroberung und Erforschung des inneren Raumes. Krebs ist wie Skorpion ein Wasserzeichen. Als erstes Wasserzeichen im astrologischen Tierkreis ist es sozusagen eine Vorstufe des später folgenden Zeichens Skorpion und muß daher etwas ausführlicher besprochen werden. Man kann sagen, der Mensch, der sich bisher das Feuer (Widder) zu eigen gemacht, dann sich die Erde (Stier) angeeignet und zuletzt das Element Luft (Zwillinge) erobert hat, steht im Abschnitt Krebs vor dem Wasser. Begibt er sich hinein, betritt er das geheimnisvolle Reich, in dem die Seele wohnt. Er beginnt eine Reise in sein Inneres, ins Land der Träume, Mythen und Märchen und damit in das Reich der Flüchtigkeit.
»Wasser« steht in der Astrologie für innerpsychische Vorgänge, für das Seelische schlechthin. So wie Wasser – und jetzt ist das wirkliche Wasser gemeint – jede Form annimmt, so ist das Seelische eine Reaktion auf äußere Vorgänge, die von »himmelhoch jauchzend« bis »zu Tode betrübt« reichen kann: Man sieht einen Menschen, den man mag, und freut sich. Oder man wird kritisiert – und Ärger steigt hoch. Der »Seelenstoff Wasser« ist aber nicht nur reaktiv, sondern kann aus sich selbst heraus Ungeheures bewirken. Man denke nur an die Stimmungen, die verzweifelt und glücklich machen können, ohne daß eine äußerliche Ursache erkennbar wäre. All dies, sozusagen das emotionale oder das Innenleben der Menschen, ist Thema des Wasserzeichens Krebs.
Unmittelbar auf den Krebs folgt der Löwe. Dieses Zeichen versinnbildlicht die Vollendung bzw. den Höhepunkt des Ichs. Leben, das den Raum erobert, sich festgesetzt hat, anderen begegnet ist, seine Seele

gefunden hat, präsentiert sich jetzt als »Krönung der Schöpfung«, als etwas, das sich aus sich selbst heraus gestaltet. Im Abschnitt Jungfrau begegnet diesem selbstbewußten und *ich*zentrierten Löwewesen die harte Wirklichkeit des Lebens. So wie sich im September der Sommer seinem Ende zuneigt und sich am Horizont der Winter zeigt, so begreift die Jungfrau das Leben nicht nur als erhabenes Sein, sondern als endlichen Prozeß. Das Thema Vergänglichkeit taucht auf, das für den Skorpion dann das Hauptmotiv bildet. Zuvor kommt allerdings noch die Waage. Die Waage versinnbildlicht die Kraft der Liebe, die Gegensätze vereinigen kann.

Skorpione besitzen magische Kräfte

Das Leben kennt die Liebe also, wenn es sich auf die Ebene des Skorpions begibt. Aber diese Liebe reicht nicht, den Tod zu überwinden. Sie ist zu unbeständig, folgt der Lust, die heute so und morgen ganz anders ist. Vergänglichkeit ist das wichtigste Thema für den Skorpion. Ende Oktober und im November »stirbt« die Natur äußerlich. Auch die Festtage in dieser Zeit sind dem Tod und der Vergänglichkeit gewidmet: Totensonntag, Allerheiligen, Allerseelen, Volkstrauertag. Skorpionmenschen werden mitten hineingeboren in die Zeit des Abschiednehmens. Und was ist nun ihre Antwort auf das Sterben, Loslassen, Vergehen rings um sie herum? – Sie lautet: »Neues Leben erschaffen.«

Aus der Sicht des Skorpions reduziert sich das Dasein in einem immerwährenden Prozeß von Werden und Vergehen und wieder neuem Werden. Das einzelne Leben erfährt dabei eine ungeheure Reduktion. Denn das Ich, dieses Gebilde, das sich im astrologischen Tierkreis vom Widder bis zum Löwen zu majestätischer Größe aufgebaut hat, wird auf der Ebene des Skorpions zu einem Glied in der endlosen Kette, die aus der Vergangenheit kommt und in die Zukunft weist. Die letzte Wahrheit, die der Skorpion in sich entdeckt, ist die, daß der einzelne vergeht und unbedeutend ist.

Damit aber ein neues Leben entstehen kann, braucht es die Liebe, so wie sie im Waagezeichen gefunden wurde. Allerdings ist Liebe im Sinne der Waage – ich knüpfe jetzt an den vorherigen Gedanken an – zuwenig, sie ist nicht stabil genug, nicht wirklich verläßlich. Um Leben zu erschaffen, braucht es mehr als Liebe – nämlich Bindung, Zuverlässigkeit, Treue, Ergebenheit, Pflicht. Damit sind wir beim Kern skorpionischer Philosophie. Er besagt: Um zu überleben, muß man sein Ego (verstanden als die Freiheit, zu tun und zu lassen, was man will) unterwerfen. Oder noch krasser: Um zu überleben, muß man – das Ich, der einzelne – »sterben«. »Wer nicht stirbt, bevor er stirbt, der verdirbt, wenn er stirbt ...«

Ich kenne einen Skorpionmann, mit dem ich beinahe zwei Jahre lang therapeutisch gearbeitet habe. Dieser Mann hatte keinen Lebensmut und sank zuweilen in extrem depressive Stimmungen. Er studierte, fühlte sich aber zu keinem Fach richtig hingezogen. Mehr als dreimal dachte er daran, seinem Leben ein Ende zu setzen. Obwohl die Therapie schon Jahre zurückliegt, erinnere ich mich noch an die Sorgen, die ich mir damals zuweilen um ihn machte (heute weiß ich, daß Skorpione es immer schaffen, andere – durchaus auch ihre Ärzte und andere Helfer – in ihr schweres Schicksal mit hineinzuziehen). Während im Lauf der ganzen Therapie eigentlich nur so viel zu erreichen war, daß er immer wieder neuen Lebensmut faßte, geschah die vollständige Heilung dann durch einen ganz anderen Akt: Er lernte eine Frau kennen, sie heirateten, sie bekamen einen Sohn ... Mit der Geburt des Sohnes wandelte sich dieser Mann schlagartig um 180 Grad. Er war auf einmal zuversichtlich, er beendete sein Studium und ist heute praktizierender Arzt. Er sagte es einmal selbst: »Die Geburt meines Sohnes hat mein Leben vollständig verändert.« Er ist also, symbolisch gesprochen, »tausend Tode gestorben«, bevor er zu neuem Leben erwachte.

Ehe zwei Skorpione (gemeint sind jetzt die schwarzen, braunen oder rötlichen Spinnentiere südlicher Länder) sich paaren, vollführen sie zunächst einen Liebestanz, der Tage dauern kann. Sie tanzen mit hochaufgerichtetem Schwanz umeinander herum, reizen sich, bedrängen sich, unterwerfen sich ... Nur wer diese Prozeduren durchsteht, kann schließlich den eigentlichen Liebesakt vollziehen.

Biologen erkennen darin ein Selektionsprinzip. Der schwierige Parcours dieses Liebesspiels stellt sicher, daß man keinen »Versager« als Co. für seine Erbmasse erwischt.

Im Grunde machen Skorpionmenschen genau das gleiche, und zwar nicht nur beim Balztanz und bei der Liebe, da jedoch besonders. Ihr ganzes Leben ist ein Spiel um Macht und Ohnmacht. Jeden potentiellen Partner, dem sie begegnen, unterziehen sie bewußt oder unbewußt einem sofortigen Check-up, um herauszufinden, ob es sich lohnt, fünfzig Prozent von sich aufzugeben (zu unterwerfen) und mit genauso vielen Prozentpunkten des anderen »halbe-halbe« zu machen. Das ist völlig unabhängig vom Alter oder Geschlecht des Skorpions. Er zielt auch in keiner Weise automatisch darauf hin, Kinder zu zeugen. Der Sinn ist lediglich, eine Verbindung zu testen, ob sie – symbolisch gesprochen – »dem Tod trotzen« kann.

Von daher ist es mehr als einleuchtend, daß Skorpione nicht so wahllos Beziehungen und andere zwischenmenschliche Verbindungen eingehen können wie zum Beispiel Zwillinge, Widder und Waagen. Und es ist auch klar, daß sich jede Beziehung mit einem Skorpion ganz schnell zu einem Machtgerangel entwickeln kann. Doch Skorpione spielen nicht aus purer Lust an der Macht dieses Spiel. Hinter ihren Vorhaltungen, hinter ihrer Angst, hinter ihrem dramatischen Gebaren steckt letztlich der Kampf des Lebens gegen den Tod.

Weil das Einzelschicksal in Anbetracht dieser großen Frage eines Lebens nach dem Tod so bedeutungslos wird, können Skorpione zuweilen gnadenlos über ein individuelles Schicksal herfallen. Genauso resultieren aus diesem Wissen aber auch der Humor und die Ironie, die Skorpionen zu eigen ist. Ein Vertreter dieses Tierkreiszeichens kann sich nämlich krumm und bucklig lachen, wenn sich beispielsweise ein Löwe oder ein Stiergeborener aufplustern oder sich um die materielle Sicherheit sorgen. Wozu das Ganze? Wo doch das einzelne sowieso dahingehen wird? Ein großartiger Satiriker war der Skorpion Voltaire. Noch auf seinem Sterbebett konnte er das Spötteln nicht lassen. Angeblich riet ihm ein Priester, doch in letzter Minute Gott um Vergebung zu bitten. Der große Aufklärer Voltaire, der zu seinen Lebzeiten erbittert gegen Kirche und Religion gewettert hatte und in seinem Garten eine Büste hat aufstellen lassen, worauf DEO VOLTAIRE stand (= »dem Gott Voltaire«), soll darauf geantwortet haben: »Er wird mir vergeben, es ist sein Metier!«
Bisher wurde der – wie man schon fast sagen kann – Bindungstrieb von Skorpiongeborenen fast ausschließlich in bezug auf andere Menschen betrachtet. Aber dieser Trieb funktioniert auch noch ganz anders. Skorpione lernen vom ersten Atemzug ihres Lebens an, ihr eigenes Ich unter etwas Größeres zu stellen, und zwar nicht nur äußerlich (das wäre Anpassung oder Nachgiebigkeit), sondern bis zum letzten Winkel ihrer Seele, so daß am Ende das andere gar nicht mehr getrennt von ihnen existiert (so wie man ja auch bei einem Kind nicht mehr exakt auseinanderhalten kann, was vom Mann und was von der Frau stammt). Man ist identifiziert, emotional angeschlossen, erfüllt. Skorpione haben immer etwas, dem sie angehören, das sie vertreten, von dem sie ein Teil sind. Sie gewinnen erst ihre ganze Größe, wenn sie es gefunden haben. So wie in unserem Beispiel der Skorpionmann erst gesund und richtig lebensfähig durch die Geburt seines Sohnes wurde, so werden Skorpione allgemein erst stark, wenn sie ihre Lebensaufgabe gefunden haben. Das Erstaunliche ist – was aber aus dem bisher Gesagten logisch folgt –, daß mit der Größe der Herausforderung auch der Skorpion an Größe gewinnt. Mit anderen Worten: Ein Skorpion tut sich keinen Gefallen, wenn er einen bequemen Weg geht. Er ist immer nur so gut wie »seine andere Hälfte«.
So gewinnt der Skorpion, der sein Ich zunächst aufgibt, es »sterben« läßt, einem größeren Ganzen unterordnet, letzten Endes wieder ein stärkeres Ich. Oder anders gesagt: Zugehörigkeit macht stark. Das muß

man wissen, wenn man es mit einem Skorpion zu tun hat: Man hat niemals nur einen Menschen vor sich, sondern immer auch eine Idee, eine Philosophie, einen Verband, einen Beruf, eine Sippe, eine Nation. Und genausowenig führt man dann nicht nur eine Auseinandersetzung mit einem bestimmten Individuum, sondern stets auch mit dem größeren Ganzen. Skorpione werden manchmal richtig süchtig nach derartigen Mustern, Anschauungen und Ideen. Sie brauchen sie als Stütze, so als könnten sie erst durch sie zu richtigen Menschen werden. Weil dieses andere dann ein derartig wichtiger Teil von ihnen ist, ihnen auch dermaßen viel Kraft und Identität verleiht, vertreten und verteidigen sie es wie ihr eigenes Leben. Im Einzelfall ist der Skorpion folglich auch bereit, für eine Idee sein Leben zu opfern.
Skorpiongeborene scheinen in besonderer Weise mit den Mächten des Schicksals verbunden zu sein. Das ist ihnen manchmal bewußt, weitaus häufiger bleibt es jedoch unbewußt. Mit »Schicksal« meine ich eine Macht, die in ihr Leben eingreift. Natürlich unterstehen alle Menschen einem Schicksal, aber bei Skorpionen scheint es besonders nah und dramatisch zu sein. Es ist zum Beispiel beinahe die Regel, daß die Geburt eines Skorpions mit dem Tod eines nahen Familienangehörigen zusammentrifft, so daß sich die Freude über die Geburt mit dem Schmerz über den Verlust vermischt. Nicht wenige Skorpione standen selbst schon an der Schwelle zum Tod, sei es infolge einer Krankheit oder eines Unfalls.
Auch wenn es nicht immer gleich um Leben und Tod geht, kann man sagen, daß das Dasein eines Skorpions leidenschaftlicher, intensiver und problematischer abläuft und die dunklen Töne des Lebens stärker erklingen als bei anderen Tierkreiszeichen. Es ist, als würde das Schicksal Skorpionen immer wieder mitteilen, wie wenig sicher das individuelle Dasein ist. Und all das Leid und die Probleme sind wie eine Schule, durch die der Skorpion aufmerksam gemacht werden soll.
Ihre unmittelbare Nähe zum Schicksalhaften zeigt sich auch in einer starken Hinwendung zu sämtlichen Formen der Magie. Die Skorpiongeborenen gehören zu den Menschen, die am ehesten einen Astrologen aufsuchen, zu Wahrsagern gehen, sich selbst die Karten legen oder sonstwie versuchen, hinter scheinbar Zufälligem die Absicht des Schicksals zu erkennen. Sie haben allesamt einen Hang zum Geheimnisvollen, Magischen, Unbekannten, Verborgenen, Zwielichtigen, Unbewußten, Unsichtbaren. Für sie steht fest, daß der gesunde Menschenverstand seine Grenzen hat und nicht alles zu erklären ver-

mag. Je älter ein Skorpion wird, um so überzeugter ist er, daß das, was wir gemeinhin als Realität kennen, nur die Spitze des Eisberges ist, von dem bekanntlich der weitaus größere Teil unter dem Wasser treibt, dem Blick verborgen.

MARTIALISCHES GIFT

Man kann natürlich eine Beschreibung des Skorpions nicht abschließen, ohne sein Gift zur Sprache zu bringen. Ist es doch so, daß man bei der Erwähnung seines Namens gemeinhin zuerst an den Stachel und besagtes Gift denkt.

Sind Skorpionmenschen denn auch »giftig«? Es kommt drauf an, wie man es versteht! Wer meint, daß diese Menschen mehr »Gift« gegen andere oder auch sich selbst einsetzen, liegt falsch. Skorpione sind nicht gefährlicher, rücksichtsloser oder hinterhältiger als Vertreter der übrigen Tierkreiszeichen auch. Natürlich können sie »giftig« sein, aber das sind andere ebenfalls. Skorpione wählen auch nicht häufiger den Freitod. Dies bestätigt beispielsweise die Untersuchung von Gunter Sachs in der *Akte Astrologie*. Daß sich angeblich Skorpionmenschen in Bedrängnis selber töten, gehört also eher zum Mythos über diese Menschen.

Mit dem »skorpionischen« Gift ist etwas anderes gemeint. Es ist nicht ein Symbol für die besondere Gefährlichkeit, sondern für die besondere Verträglichkeit von Gift. Das Rätsel, vor dem auch Biologen stehen, ist eigentlich, wie ein Lebewesen (gemeint ist hier die Skorpionspinne) mit einem Stoff in seinem Körper leben kann, der andere sofort tötet. Der Skorpion ist also ein Sinnbild dafür, daß man tödliches Gift, und damit den Tod selbst, überleben kann. Der Natur gelingt dies durch den Prozeß der Immunisierung: Man gewöhnt sich allmählich an immer höhere Dosen. Ein ähnlicher Prozeß läuft bei Skorpionmenschen ab: Weil sie soviel mit den Themen Tod, Trennung, Loslassen, Vergänglichkeit zu tun haben, weil sie das Schicksal auf Schritt und Tritt verfolgt, sind sie irgendwann immun. In der Astrologie existiert dafür ein herrliches Bild. Es ist der erlöste Skorpion, ein weißer Adler, der in die Unendlichkeit fliegt.

Jetzt wurde viel über Tod und schwere Schicksale, martialisches Gift und Magie geredet. Wenigstens zum Schluß dieses Kapitels soll der

Skorpion in einem anderen Licht erstrahlen: Er kann der fröhlichste und ausgelassenste Geselle von allen sein. Kein anderes Tierkreiszeichen vermag so tief, so aus dem Bauch heraus, glücklich zu sein. Er kann witziger sein als Zwillinge und Wassermann zusammen. Er hat vor allem überhaupt keine Probleme, über sich selbst zu lachen. Skorpione können die gütigsten, verständnisvollsten Menschen sein.
Sie sind der lebendige Beweis dafür, daß es im Leben immer einen Ausweg gibt. Und vielleicht sind sie ebenso dafür ein Beweis, daß man erst wirklich (!) glücklich sein kann, wenn man auch die andere Seite kennt.

Liebe, Sex UND PARTNERSCHAFT

Bei keinem anderen Tierkreiszeichen wird das Thema Liebe von derartig vielen Ahs und Ohs und mit einem solch zweideutigen Blick begleitet. Da läuft so manchem ein heiß-kalter Schauer den Rücken hinunter.
Ist er denn wirklich derartig sexbesessen, der Skorpion? Oder ist alles doch nur ein Mythos? Die Wahrheit hat – wie so häufig – von beidem etwas.
Beginnen wir mit dem Mythos. Typische Skorpione pflegen den Kult der von Leidenschaften Gebeutelten – und den der geheimnisvollen Unbekannten: Keiner soll wissen, wie's in ihrem Inneren aussieht, was in ihren Abgründen lauert, von denen andere nicht mal zu träumen wagen. Leicht entsteht so der Eindruck – gegen den kein Skorpion jemals etwas unternehmen würde –, ihr Leben sei ein einziger Garten der Lüste voller Versuchungen: solche, die sie in grenzenlose Verzückung versetzen, und andere, die sie an den Rand des Wahnsinns treiben.
Wie gesagt, Skorpione unternehmen nichts gegen dieses Trugbild. Spricht man sie darauf an, schweigen sie mit vielsagenden Blicken. Letzten Endes verleiht ihnen dieses Bild Macht – es hält Schwächlinge ab. Nun aber zu den Fakten.

Der Skorpion will alles oder nichts

Der Tanz der Skorpione wurde schon beschrieben, auch der eigentliche Grund für dieses anstrengende, sich über Tage hinziehende Liebesspiel: nämlich den Partner auf seine Tauglichkeit hin zu überprüfen. Damit sind wir aber auch am Kern der Leidenschaft von Skorpiongeborenen. Ihr existentielles Basisprogramm ist gegen lockeren, unverbindlichen Sex. Ganz gleich, wie bewußt einem leibhaftigen Skorpion das auch sein mag, er richtet sich bei seiner Werbung und beim Liebesspiel nach einem uralten, seinen Genen innewohnenden Plan: Nur ein starker, potenter, leidenschaftlicher Mensch ist ein würdiger Partner.
Daher ihr ekstatisches Liebesspiel! Deswegen soviel Lust und Sinnlichkeit! Beim Liebesspiel geht es sozusagen immer um »Leben und Tod«. Da ein Orgasmus, der Höhepunkt der Vereinigung, auch bedeutet, ein neues Leben zu erschaffen und dadurch selbst zu überleben,

ist dieser Höhepunkt – gleichgültig, ob daraus Nachkommen entstehen oder nicht – die Manifestation, den Tod zu überleben. Es ist ein »Gefühl wie sterben und wiedergeboren werden«, wie es ein Skorpion beschrieb. Oder in einer weiteren »skorpionischen« Formulierung: »Liebe ist wie der Tod – und wie die Auferstehung!«
Natürlich wirken bei allen Menschen derartige Vorgänge, gleich, unter welchem Tierkreiszeichen man geboren wurde, denn jeder trägt in sich auch etwas vom Skorpionprinzip. Aber Skorpiongeborene haben davon nicht nur den größten Teil abbekommen, bei ihnen wirkt er weitaus mehr als bei anderen Tierkreiszeichen in das bewußte Verhalten hinein, muß also gelebt und erlebt werden.

DIE BEZIEHUNGS- UND BINDUNGSFÄHIGKEIT DER SKORPIONE

Es liegt eigentlich auf der Hand, daß der typische Skorpion in der einen Disziplin, beim Knüpfen von Beziehungen, die Note »mangelhaft« erhält, dafür für die andere, seiner Bindungsfähigkeit, eine Eins mit Auszeichnung. Der Grad seiner Lebenserfüllung wird durch Bindung, durch die Dauer und Festigkeit einer Partnerschaft gemessen. An flüchtigen Beziehungen ist er nicht interessiert und weiß daher auch überhaupt nicht, wie man so etwas herstellt und damit umgeht. Nicht Quantität zählt, wie bei Zwillingen oder Waagen, sondern Qualität, sprich Dauer. Je länger eine Partnerschaft währt, um so besser erfüllt der Skorpion sein Lebensprogramm. »Bindung über alles!« könnte man sagen. Tatsächlich hat man in einem Skorpion ein wahres Bollwerk, eine Festung. Dazu kommt noch, daß er in Krisenzeiten der allerletzte wäre, der abspränge. Im Gegenteil: Krisen machen ihn stark. Wenn eine Partnerschaft zerbricht, glaubt der Skorpion, er habe existentiell versagt, sein Überleben sei gefährdet (und das ist wieder völlig unabhängig davon, ob es überhaupt Kinder in dieser Beziehung gibt, und wenn, wie alt sie sind; es ist ein Muster, ein Programm, das in ihm wirkt). Trennungen lassen Skorpione leiden wie Tiere. Es gibt überhaupt nichts Elenderes und Erbärmlicheres als einen Skorpion, der verlassen wurde. Selbst gestandene Männer, die normalerweise eine ganze Abteilung regieren und am Wochenende mit dem Fallschirm aus dreitausend Meter Höhe abspringen, quälen sich nach einer Trennung wie ein getretener Wurm. Ich weiß nicht, wie viele therapeutische Stunden ich schon mit solchen Skorpionen verbracht habe, die verlassen wurden, denen ich (und zig andere genauso, ihre Freunde und Bekannten) Mut zusprach und ihnen zu sagen versuchte, daß das Leben trotzdem weitergeht. Es hilft vielleicht für den Moment, aber im nächsten stößt der Skorpion sich den Dolch doch wieder selbst ins Herz: »Alles ist aus, mein Leben ist ruiniert ...« Im Grunde will er auch keinen Trost. Er muß leiden, wieder eine Portion Gift verdauen, noch widerstandsfähiger werden – das bleibt jetzt als einziger Sinn.

IST DER SKORPION GUT IM BETT?

Seine Qualität im Bett wurde ja bereits angedeutet. Als Ergänzung vielleicht ein Hinweis: Skorpione gehören absolut nicht in die Kategorie von Liebhabern (oder Liebhaberinnen), die im Land des Sex alles ausprobieren und irgendwie an modischen Erneuerungen und Experimenten interessiert wären. Weit gefehlt! Sexualität ist für einen Skorpion ein Elixier, von dem er aus tiefster Seele glaubt, daß es sein Leben in alle Ewigkeit verlängern kann. Sex ist ein Heiligtum, ein Fest, eine Feier, eine Meditation. Genau darin liegt seine Stärke im Bett, daß er nicht um irgendwelche Stellungen feilschen oder sich Spiegel an die Decke hängen muß. Seine Sexualität kommt »aus dem Bauch«, nicht »aus dem Kopf«.

ÜBER DIE TREUE DES SKORPIONS ...

Daß er ewige Treue von seinem Partner verlangt, wurde betont. Aber wie steht's um seine eigene? Die Antwort erstaunt, denn der Skorpion ist keineswegs so treu, wie man in Anbetracht seiner ganzen Lebensphilosophie eigentlich erwarten würde. Insbesondere Skorpionmänner laufen – etwas salopp gesagt – mit einer permanenten Brunftbereitschaft durch das Leben. Und ihre sämtlichen Sinnesorgane empfangen ununterbrochen sexuelle Botschaften. Existiert denn nicht immer die Möglichkeit, einen Partner zu finden, mit dem die Verschmelzung noch inniger wird (und damit die Hoffnung zu über-

leben noch größer)? Was einen Skorpion dann letztlich doch abhält, überall sein üppiges Paarungsspiel zu starten, ist einerseits seine geringe Kontaktfähigkeit, andererseits aber auch der ungeheure Aufwand, den er beim Liebesspiel bringen muß. Bei Skorpionfrauen überwiegt das Prinzip der Bindung mehr als beim Mann. Aber auch sie empfängt permanent erotische Signale – und sendet sie natürlich ebenso aus. Mit gefährlichen Affären muß man bei Skorpionen also immer rechnen.
Ein gewichtigeres Thema als Treue, das aber unabdingbar mit ihr verbunden ist, lautet Eifersucht. Der Skorpion ist der eifersüchtigste Gockel im astrologischen Zoo, gleich, ob männlichen oder weiblichen Geschlechts. Eifersucht ist sozusagen die »Gendarmerie«, deren Aufgabe es ist, über die Einhaltung der Bindung zu wachen. Ihr Vorgehen funktioniert nach dem Motto: »Wehret den Anfängen!« Skorpione werden schon eifersüchtig, wenn ihr Partner beim Tennisturnier im Fernsehen einen Spieler favorisiert. Sie sind eifersüchtig auf den Blumenstock, den ihr Partner – wie sie befinden – zu häufig gießt und düngt. Natürlich ist der Skorpion erst recht eifersüchtig auf den Hund und den Kanarienvogel des Partners, ganz zu schweigen von der Eifersucht, mit der er seinen Partner beäugt, wenn er mehr als unbedingt nötig mit anderen Menschen verkehrt.

SO HÄLT MAN SKORPIONE BEI GUTER LAUNE

Man gebe einem Skorpion stets das Gefühl, daß man immer bei ihm bleibt, durch dick und dünn mit ihm geht; man nehme ihn selbst aber ruhig (wenigstens ein bißchen) an die lange Leine – dann hat man einen glücklichen und zufriedenen Skorpion. Des weiteren kümmere man sich immer um sein Seelenheil, verbringe möglichst Stunden, wenn nicht Nächte, mit ihm in tiefen Gesprächen über das Leben im allgemeinen und die Liebe im besonderen. Sofern man – drittens – immer dann mit ihm einer Meinung ist, wenn es um eine dritte Person geht, ist fürs erste der Partnerfrieden gerettet.
Richtig gute Laune kommt auf, wenn Ihr Skorpiondarling von seinem exzessiven Leben berichten kann, den Episoden, in denen er beinahe »hopsging«. Oder wenn er erzählen kann, wer sein Urgroßvater war – und daß ein Onkel seines Vaters damals dabei war, als die Titanic sank.

Auch Geschenke machen ihn glücklich, obwohl er normalerweise so tut, als stünde er über Geld und glitzernden Dingen. Aber im Grunde träumt er von einem Landhaus mit Wänden voller Meister.
Was Skorpione nicht ausstehen können, sind Überraschungsbesuche – wenn Freunde von Ihnen zum Beispiel zwecks späten feuchtfröhlichen Umtrunks einfach so »hereinschneien«. Ihr Skorpiondarling wird kein Blatt vor den Mund nehmen und Ihren Freunden sagen, was er wirklich denkt. Traurig wird Ihr Skorpion, wenn Sie irgendeinen Tag vergessen, der in Ihrer gemeinsamen Beziehung eine bedeutende Rolle spielt: der erste Kuß, die erste Nacht, natürlich die Hochzeit ... Und rabiat wird's, wenn Sie nicht hundertprozentig offen und ehrlich sind: Ein Skorpion möchte alles wissen, was Sie denken, fühlen, träumen. Er wird wahnsinnig, wenn Sie ein Geheimnis vor ihm haben.

WIE GUT SKORPIONE ALLEIN SEIN KÖNNEN

Ein Skorpion, der allein lebt, leidet wahrscheinlich gerade, weil seine letzte Beziehung zu Ende ging. Er ist also in Trauer, und während dieser Zeit lebt er zwecks besserer »Leidverarbeitung« allein. Erfahrungsgemäß braucht ein Skorpion für die Trauerarbeit ein halbes Jahr. Dann hat er ausgelitten, das Gift verarbeitet, sämtliche Erinnerungen ausgeschieden – und er wird keinen Tag länger allein bleiben. Er ist nun mal ein sozialer Mensch, Partnerschaft und Liebe sind für ihn eine Überlebensstrategie, und in seiner tiefsten Natur fühlt er sich für die Erhaltung der Gattung Mensch verantwortlich. Ein Skorpion, der länger als ein halbes Jahr allein bleibt, hat sich nicht wirklich von seinem letzten Partner getrennt, er wartet noch. Das ist allerdings die Ausnahme. Denn diese Menschen sind nicht nur phantastische Liebhaber, sondern auch ausgezeichnete Konfliktbewältiger.
Wenn die Zeit reif, die letzte Partnerschaft also verdaut ist, finden sich von selbst potentielle neue Kandidaten ein. Man muß also nicht Kontaktanzeigen aufgeben oder jeden Abend in eine Bar oder Disko laufen. Der Skorpion ist ein magischer Mensch. Wenn er sich treu bleibt, regeln die Mächte des Schicksals sein Leben. Diesen Prozeß kann man auch nicht beschleunigen. Skorpione, die sofort nach einer Trennung versuchen, eine neue Partnerschaft einzugehen, scheitern, egal, was sie unternehmen.

DER SKORPIONMANN AUF DEM PRÜFSTAND

Er lebt extrem, total und empfindet Durchschnitt oder Mittelmaß als graues Niemandsland. Aufgaben, bei denen anderen die Luft ausgeht, sind seine Leidenschaft. Daß dennoch nicht jeder Skorpionmann Stuntman wird, sich kopfüber von Fernsehtürmen stürzt oder

In jedem Skorpionmann steckt ein Held

brennende Wälder löscht, liegt einfach daran, daß die Gesellschaft solche Taumel riskanter Lust nur begrenzt erträgt. Geeignete Freiräume für richtige Skorpione sind rar. Wer jetzt einen Muskelmann oder einen Herrn mit geistigem Imponiergehabe erwartet, liegt wieder daneben: Der Skorpionmann sticht nicht beim ersten Blick ins Auge. Er hält sich eher zurück und spielt das Repertoire getarnter Power – ein Profi im Understatement. Daß so ein Mann auch in puncto Eros Grenzerfahrungen sucht, ist eine Selbstverständlichkeit. Er braucht daher einen starken Sexpartner.
Er ist im Vergleich mit Männern anderer Tierkreiszeichen relativ treu, zuverlässig und einfühlsam. Auch und gerade in Krisenzeiten ist auf ihn hundertprozentig Verlaß.
Eine Frau, die mit ihm spielt, sollte wissen, auf was sie sich einläßt, und zwar von der ersten Sekunde ihrer Begegnung an. Denn dieser Mann ist faszinierend, aber er schmiedet eine Frau ganz schnell in Ketten, und er läßt sie – hat man sich damit erst einmal abgefunden – abrupt wieder frei, scheint sie nicht einmal mehr zu kennen, bis er wieder zugreift, und zwar gerade dann, wenn sie sich entschlossen hat, diesen Kerl zu verlassen. Mit anderen Worten: Liebe zu einem Skorpionmann ist kein Sonntagsspaziergang, eher eine Kletterpartie – immer wieder am Abgrund entlang. Sein Leitspruch lautet: »Alles – oder nichts.«

DIE SKORPIONFRAU AUF DEM PRÜFSTAND

Ihr Herz ist das einer emotionalen, leidenschaftlichen Frau. Dennoch wird sie ihre Gefühle – Freude, Trotz, Wut, Lust – nie wie eine Löwin oder Wassermannfrau laut hinausposaunen oder wie eine Jungfrau bzw. Steinbockfrau unterdrücken. Die Regungen ihres Herzens sind ihr beinahe heilig, sie zelebriert sie, erhebt sie zum Kult und kostet jede Nuance. Übereinstimmung beschert ihr am meisten Glück: Wenn er (ihr Darling) so fühlt wie sie, macht sie das »high«.
Natürlich paßt zu dieser emotionalen, leidenschaftlichen Frau kein halbgares Jüngelchen, das sich nach seiner Mama sehnt, genausowenig ein dandyhafter Salonlöwe, der dem Trend wie ein Frosch dem Wetter folgt. Sie braucht einen ebenbürtigen Mann, beinahe so etwas wie einen Gegner. Er muß geschaffen sein für den »skorpionischen«

Tanz aus Anziehung, Abstoßung, Hingabe, Verweigerung, Ekstase, Verschmelzung, Auflösung ... Und sie will ihn ganz, sie will ihn weder mit seiner Karriere noch mit seinem neuen Sportcoupé und erst recht nicht mit seiner Verflossenen teilen.
Weniger als »alles« bedeutet für diese Frau eben sehr schnell »überhaupt nichts«. Sie ist leidenschaftlich gern Mutter, eine mittelprächtige Hausfrau (Liebe geht bei ihr nicht durch den Magen, sondern durchs Bett), steht in Krisen allemal ihren Mann und hat magische Fähigkeiten: Allein ihre Präsenz hält böse Einflüsse ab – bzw. lindert und heilt bereits vorhandenes Leid. Sie ist nicht unbedingt die Frau, die im Rampenlicht glänzt. Eher diejenige, mit der man durch dick und dünn marschieren kann.

UND SO KLAPPT'S MIT ALLEN ANDEREN

Im folgenden wird das Beziehungsspiel zwischen dem Skorpion und den zwölf möglichen Partnern des Tierkreises durchleuchtet. Dazu muß etwas Grundsätzliches gesagt werden: Es gibt keine Kombination, die unmöglich ist. Mit anderen Worten, wenn Sie ein Skorpiongeborener sind, können Sie's mit allen, egal, ob Löwe, Wassermann oder Krebs. Allerdings verlangt jede Partnerschaft einen bestimmten Preis. Bei manchen Kombinationen heißt dieser Ruhe oder Entspannung, bei anderen braucht man vielleicht mehr Zeit. Auch ist es von Fall zu Fall möglich, daß man mit einem bestimmten Partner in eine Krise gerät und dann etwas unternehmen muß, um die Krise gemeinsam zu bewältigen. Es gibt keine Kombination, die nur positiv ist. Es gibt allerdings solche, die bequemer sind als andere. Wer aber will entscheiden, ob Bequemlichkeit in jedem Fall ein erstrebenswertes Gut ist?

Skorpion UND WIDDER

In dieser Beziehung begegnen sich zwei ungeheure Kraftbolzen und kolossale Machtmenschen. Beide sind leidenschaftlich, leben »aus dem Bauch heraus« und sind es nicht gewohnt, großartig Rücksicht auf andere zu nehmen. Für eine Liebesaffäre kann es daher kaum etwas Spannenderes geben als diese zwei Menschen, die aufeinandertreffen, sich reizen, erregen, in Ekstase versetzen und endlich in einem Orgasmus miteinander verschmelzen. Für eine Ehe oder eine eheähnliche Partnerschaft hingegen wird diese Kombination in der Regel sehr schnell zur Hölle; man vergißt jede Form der Kooperation und des gegenseitigen Mitgefühls und Respekts, quält und mißhandelt sich, im schlimmsten Fall sogar einander. Eine derartige Beziehung braucht, wenn sie eine überwiegend positive Atmosphäre erschaffen will, unbedingt eine gemeinsame Herausforderung wie Kinder oder eine Tätigkeit, die beide dermaßen erfüllt, daß sie dann in den gemeinsam verbrachten Stunden zu erschöpft sind, um sich auch dann noch das Leben schwerzumachen.

Skorpion UND STIER

Diese beiden Tierkreiszeichen liegen sich im astrologischen Tierkreis ganz genau gegenüber. Somit besteht zwischen ihnen sowohl der größte Unterschied als auch die größtmögliche Anziehung – und genau in dieser Spannung kann die Liebe zünden. Nicht nur in der Astrologie geht man nämlich davon aus, daß sich Gegensätze attraktiv finden, ähnlich wie sich in physikalischer Hinsicht Plus und Minus anziehen. Es heißt weiter, daß die Liebe die Kraft ist, die es ermöglicht, sich mit den größten Unterschieden zu versöhnen und dadurch ganz zu werden. Betrachten wir diese Gegensätze einmal etwas genauer. Auf der einen Seite haben wir das Frühlingszeichen Stier: lebensbejahend, besitzergreifend, auf sich selbst und das eigene Wohlergehen fixiert. Auf der anderen Seite steht das Herbstzeichen Skorpion: hinter das Leben blickend, an Ideen orientiert und am Wohlergehen des Ganzen orientiert. Konkret sieht es so aus, daß zum Beispiel der Stier sein Geld für Essen und Anschaffungen ausgeben will und der Skorpion vornehmlich für Bildung. Oder daß der Stier am Sonntag ein Fußballspiel anschauen geht, während es den Skorpion in ein Meditationszentrum zieht. Mit anderen Worten: Spannungen und Dissonanzen sind früher oder später die Regel. Versuchen die Partner über diese Phase hinauszukommen und nicht gleich auseinanderzugehen, besteht die Chance einer wunderbaren gegenseitigen Befruchtung, die den Stier weiser und den Skorpion lebensbejahender werden läßt.

Skorpion UND ZWILLINGE

Skorpione und Zwillinge trennen Berge unterschiedlicher Auffassungen und Lebensgewohnheiten: Zwillinge sind kommunikative, weltoffene, positive Menschen. Skorpione sind introvertiert, verschlossen, den Partner ganz für sich beanspruchend. Wenn diese zwei Menschen überhaupt zusammenkommen, dann spielt in 99 von 100 Fällen der Sex eine entscheidende Rolle: Der Zwillingepartner findet beim Skorpion die Lust und Leidenschaft, von der er sonst höchstens im Kino hört. Auch passiert es häufig, daß der Skorpion – ohne es selbst zu wissen – einen Partner für seinen Wunsch nach Kindern sucht und dann, wenn die Kinder auf der Welt sind, sich vom (Zwillinge)partner ab- und den Kindern zuwendet. Dieses Paar benötigt in Krisenzeiten, die ganz sicher kommen werden, dringend Beistand durch ein aufdeckendes Gespräch mit guten Freunden oder vielleicht sogar einem Psychologen.

Skorpion UND KREBS

Das ist eine ideale Verbindung! Beide Tierkreiszeichen gehören dem Wasserelement an. Das heißt, man spricht die gleiche Sprache, hat dasselbe große Interesse am Seelischen bzw. Emotionalen und betrachtet die Liebe gleichermaßen nahezu als etwas »Heiliges«. Der Krebs erlebt die Leidenschaft des Skorpions wie einen Sog, der ihm zugleich angst macht und ihn ungeheuer fasziniert. Der Skorpion wiederum findet im Krebs einen Menschen, der eine Stufe repräsentiert, die er längst »hinter sich« hat (der Krebs ist das vierte Zeichen im Tierkreis und der Skorpion das achte). So kommt er sich wie ein »Führer« vor, wie ein Meister der Gefühle, der den anderen leiten kann auf der Reise in das

Reich der Seele. In dieser Bindung ist das Familienthema besonders stark. Man muß sich im klaren darüber sein, daß man jeweils mehr als nur einen Partner bekommt: Dahinter wartet die Familie bzw. Sippe des einen wie des anderen. Es ist aus astrologischer Sicht auch hundertprozentig sicher, daß es in der Verbindung Kinder geben wird. Der Wunsch dieser Partnerschaft wird es sein, eine neue große Gemeinschaft zu gründen mit einer eigenen Zukunft und einem eigenen Schicksal.

Skorpion UND LÖWE

Es besteht eine ungewöhnlich starke Anziehungskraft zwischen Vertretern dieser zwei Tierkreiszeichen: Beide sind überaus erotische und leidenschaftliche Menschen, und die Zeit des Verliebtseins ineinander gehört wahrscheinlich zu den Höhepunkten im Liebesleben eines Löwen. Eine Partnerschaft steht dann allerdings auf einem ganz anderen Blatt. Denn die beiden Menschen sind so unterschiedlich wie Tag und Nacht, Licht und Schatten. Ganz tief in ihrem Unterbewußtsein spiegeln sie sogar die Polarität zwischen Leben und Tod. Das führt zu einer extremen Spannung, zu großer gegenseitiger Achtung, aber auch zu immenser Angst. Vergessen die zwei ihren Respekt voreinander oder verdrängen sie ihre Angst, ist die Partnerschaft ein einziger Machtkampf: zwei Sturköpfe, zwei Hardliner, die sich das Leben schwermachen und auch vor Bosheiten und Gemeinheiten nicht zurückschrecken. Einen Sieger gibt es in solcherart gelebter Zweisamkeit nie, sie endet immer remis oder im schlimmsten Fall für beide ruinös. Positiv umgesetzt, verhilft diese Beziehung allerdings dem Löwen, seine Motive zu hinterfragen. Dadurch wird er noch stärker. Für einen Skorpion wiederum ist die Nähe eines Löwen ausgesprochen wohltuend, wärmend und beruhigend.

Skorpion UND JUNGFRAU

Rein theoretisch wären diese zwei eine wunderbare Verbindung, denn die Jungfrau ist ein Erdzeichen, der Skorpion gehört zum Element Wasser. Erde und Wasser ergänzen sich wunderbar, kreieren zusammen fruchtbares Land, so daß die Liebe wachsen, blühen und Früchte tragen kann. In der Praxis ist die Liaison trotzdem selten. Dies beruht darauf, daß sich die Jungfrau instinktiv gegen den Sog des Skorpionischen wehrt. Der Skorpion sucht ja, idealtypisch gesehen, völlige Selbstaufgabe. Er will sein Ich in einem größeren Ganzen verlieren, um so selbst größer zu werden. Die Jungfrau jedoch ist immer noch verhaftet im Ich, im Persönlichen – und sie befürchtet, neben einem Skorpion diese letzte Bastion ichhaften Seins zu verlieren. Dort jedoch, wo diese Partnerschaft gewagt und durchgestanden wird, entwickelt sich ein sagenhaft starkes Bündnis, in dem jeder den anderen nach besten Kräften zu unterstützen vermag: Die Jungfrau bekommt Tiefe, Biß, Selbstvertrauen und Stärke. Der Skorpion wird aufgeschlossener, offener und freundlicher.

Skorpion UND WAAGE

Ein ungleiches Paar! Denn die Waage sucht Harmonie und Frieden, vermeidet Ecken und Kanten. Der Skorpion hält es genau umgekehrt: Ihm ist Harmonie direkt verdächtig, könnte sie doch etwas verdecken, was er dann an die Oberfläche zerren muß. Außerdem setzt der Skorpion Liebe und Selbstaufgabe gleich, während die Waage Liebe immer als Begegnung zweier selbständiger Kräfte betrachtet. Und schließlich stoßen die unterschiedlichsten Erwartungen beim Thema Sex aufeinander: Der Skorpion träumt immer von leidenschaftlicher, verschmelzender Sexualität, die Waage sucht die Erhöhung, die Liebe im geistigen Verstehen. Dennoch, solange Liebe herrscht, fügt sie wie ein güldener Regenbogen die unterschiedlichsten Charaktere zusammen, einigt sie. Ohne Liebe brechen die Unterschiede allerdings in Form endloser Seelendramen auf.

Skorpion UND SKORPION

Zwei Skorpione sind doppelt so sinnlich und zweimal so leidenschaftlich wie einer – daher erliegen immer wieder zwei Skorpione diesem Sog, wähnen, zusammen mit einem anderen Skorpion ebenso die Dauer der Vereinigung zu verdoppeln – was heißt zu verdoppeln? Zu verewigen …! Leider sind zwei Skorpione auch zweimal so mißtrauisch und eifersüchtig, und die Lust am Dominanz-und-Unterwerfungs-Spiel erreicht gar derartige Ausmaße, daß es letztlich höchstens Ausnahmen sind, die über eine zwar hitzige, aber auch anstrengende Anfangsphase hinauskommen. Die Partner unterscheiden sich dann meistens bei Aszendent und Mondzeichen, so daß über diese Faktoren ein Ausgleich zum »Überschwang« des Skorpionnaturells erfolgt.

Skorpion UND SCHÜTZE

Der experimentierfreudigen Schützenatur kommt die sexuelle Energie des Skorpions sehr entgegen. Als Liebespaar sind die beiden daher unglaublich stark. Bei einer Partnerschaft sieht es allerdings ganz anders aus. Denn der Schütze ist offen und flexibel, er findet erst so richtig zu sich, wenn er etwas Neues entdeckt, wenn Ungeplantes geschieht. Er ist vergleichbar einem Abenteurer, der ein neues Land bereist, das ihn ständig mit unvorhersehbaren Eindrücken konfrontiert. Der typische Skorpion hingegen hat feste Vorstellungen vom und fixe Einstellungen zum Leben. Neue Eindrücke werden von ihm nur insofern verarbeitet, wie sie zu seinem bisherigen Leben passen. Das hat natürlich Konsequenzen für den ganz praktischen Alltag. Man mag häufig nicht das gleiche, muß um Kleinigkeiten lange diskutieren, und jeder Entscheidungsprozeß kostet Zeit. Am ehesten klappt diese Partnerschaft, wenn eine klare Rollenteilung besteht, zum Beispiel die ganz »klassische«, daß der Schützemann die äußeren Belange vertritt, also arbeitet und Geld nach Hause bringt, während die Skorpionfrau die inneren Angelegenheiten, die Erziehung, die Gestaltung der Wohnung und dergleichen übernimmt. Es ist aber auch möglich, daß beide arbeiten und in der Karriere ihr wichtigstes Terrain zur Selbstverwirklichung sehen.

 *Skorpion* UND STEINBOCK 

Das ist eine phantastische Kombination, denn es gibt genügend Gemeinsamkeiten, aber auch ausreichend Unterschiede, so daß man sich gut versteht, wobei keine Eintönigkeit und Langeweile aufkommen. Das Wichtigste ist, daß beide gleich stark sind. Auf dieser Basis kann man etwas miteinander anfangen, sich zusammenraufen und weiterentwickeln (natürlich läßt sich's auf dieser Basis auch streiten, daß die Wände wackeln). Beide Tierkreiszeichen teilen ebenso weitgehend ihre Vorstellungen von einer Partnerschaft. Da ist es ihnen beispielsweise wichtig, sich an Absprachen zu halten, sich gegenseitig zu achten und wahrhaftig miteinander umzugehen. Und sie sind Menschen, die Tiefe anstreben und das Äußere schnell als schnöden Schein abqualifizieren. Beim Thema Sex bestehen zunächst große Unterschiede. Denn der Skorpion ist ein Gefühlsmensch, für den es nichts Schöneres gibt, als sich seinen Emotionen hinzugeben. Der Steinbock dagegen behandelt Gefühle etwas von oben herab und schaltet eher den Verstand vor. Aber in dieser Kombination überwiegt meistens doch die Ergänzung. Denn der Skorpion ist auch froh über jemanden, der nicht so schnell »gefühlsgebeutelt« wird wie er selbst, während der Steinbock neben einem Menschen glücklich ist, der nicht wie er allem mit der Ratio zu Leibe rückt. Hinzu kommt, daß dieses Paar auch beruflich sehr stark ist und sich gegenseitig regelrecht die Karriereleiter »hochschubst«.

Skorpion UND WASSERMANN

Bei diesem Paar fragt es sich, wer eigentlich mutiger ist: der Wassermann, der sich mit einem Wesen einläßt, das nicht wie er nach dem Licht, sondern nach der Dunkelheit trachtet und jedem gegenüber grundsätzlich mißtrauisch ist. Oder der Skorpion, der ein möglicherweise geniales, aber in jedem Fall völlig verkopftes Wesen liebt. Man merkt's schon, das Ganze sieht nach Dramen, Höllenqualen und einer Wahnsinnsliebe aus. Warum sollten sich zwei derartig widersprüchliche Menschen zusammentun? Wahr ist, daß es meistens des Sex wegen geschieht. Der Skorpion ist besessen von Leidenschaft. Der Wassermann liebt exzessives Experimentieren. Wahr ist aber ebenso, daß jeder im anderen seinem eigenen Schatten begegnet. In der leichten, luftigen, verspielten Seele des Wassermanns lebt auch ein dunkles, mißtrauisches Tier. Und der dem Kult des Schweren nachhängende Skorpion verbirgt einen völlig anderen, luftigen Menschen in sich. Klar, niemand mag sich ständig mit seinem Schatten herumschlagen. Daher dauert diese Begegnung in der Regel auch nicht sehr lange: eine Nacht, ein paar Nächte, einen gemeinsamen Urlaub lang. Die wenigen Menschen, die es schaffen, ihren eigenen Schatten im anderen zu lieben, und daher eine Partnerschaft eingehen, finden allerdings etwas Großartiges – eine Beziehung, aus der jeder der beiden einen großen Gewinn zieht.

Skorpion UND FISCHE

Diese beiden Tierkreiszeichen entsprechen sich in zweifacher Hinsicht. Zum einen gehören beide dem »Wasserclan« an, verstehen sich aufgrund der gleichen Elementezuordnung also auf Anhieb, erleben die Welt gefühlshaft, hängen nicht am Stofflich-Konkreten, und sie verstehen sich grundsätzlich auch völlig ohne Worte. Das macht sich ebenso in ganz praktischen Dingen bemerkbar, zum Beispiel bei der Wohnungseinrichtung oder beim gemeinsam bevorzugten Restaurant. Zum anderen sucht der Skorpion einen Menschen, der es erstens wert ist, sein eigenes Ich zugunsten eines gemeinsamen »Wir« aufzugeben, und der zweitens selbst dazu in der Lage ist. Was das zweite betrifft, hat der Fisch nun überhaupt keine Probleme. Als letztes Tierkreiszeichen hat er die Stadien der Ichauflösung ja alle »hinter sich«. Es belustigt ihn daher zuweilen, wenn er die Anstrengungen sieht, mit denen ein Skorpion um diese Dinge ringt – und unter ihnen leidet. Und daß der Fischegeborene eines Skorpions würdig ist, ergibt sich schon allein daraus, daß er sich vor ihm nicht fürchtet. Probleme entstehen höchstens hinsichtlich der Bindungsbereitschaft eines Fischepartners: Als letztes und veränderliches Zeichen ahnen die Fische, daß jede Bindung nur vorübergehend, das gesamte Leben – und mithin auch die Liebe – flüchtig ist und immer nur einen Moment lang existiert.

Gesundheit UND FITNESS

In der astrologischen Medizin ordnet man jedem Tierkreiszeichen andere Körperregionen, physiologische und psychologische Funktionsweisen und entsprechende Krankheitsdispositionen zu. Dies bedeutet, es bestehen verschiedene Neigungen zu unterschiedlichen Störungen und Erkrankungen; das heißt aber noch lange nicht, daß bei jedem Tierkreiszeichen auch tatsächlich die ihm im folgenden zugeordneten Krankheiten auftreten werden.

Körperliche Entsprechungen Penis, Vagina und Uterus, Blase, Mastdarm und Anus
Psychologische Entsprechungen Hingabe, Aufgabe, Verlust, Angst, Tod, Unbewußtes
Krankheitsdispositionen Blasenentzündung und -erkältung, Durchfall, Eßstörung, Frigidität, Impotenz, Magersucht, Menstruationsbeschwerden, Prostataschwellung, Uterussenkung, Verstopfung, Vaginaentzündung, Zysten

TYPISCHE KRANKHEITEN DER SKORPIONE

Skorpiongeborene neigen zu den verschiedensten Beschwerden im Zusammenhang mit den Geschlechts- und Ausscheidungsorganen. Damit Sie die Logik, die hinter diesen Zuordnungen steckt, und die psychosomatischen Ursachen der Symptome besser kennenlernen können, seien hier einige wichtige und häufige Probleme des Skorpions genannt.

Verdauungs- und sexuelle Probleme – Signale aus dem Schattenreich

Der Mensch wandelt zwischen Leben und Tod. Diese Reise wurde von allen Religionen zum übergreifenden Thema erhoben und in Mythen und Sagen zu einem Spiel zwischen Licht und Dunkelheit verdichtet. Auch im menschlichen Organismus hat die Dunkelheit ihre Entsprechung, und zwar sind es die unverdaulichen und daher toten und teilweise giftigen Stoffe, die über die Blase und durch den Mastdarm ausgeschieden werden. Die Gifte befinden sich in unserer Nahrung. Mit dem Skorpion wird also die letzte und unterste Stufe des Lebens assoziiert: der Abfall, das Unverdauliche, alle giftigen und toten Stoffe sowie die Organe, die für die Verarbeitung all dessen zuständig sind.

Der Skorpionmensch ist in ganz besonderer Weise mit diesem Thema beschäftigt. Sein Leben gleicht zuweilen einem einzigen Experiment, dessen Ziel es ist, die Anzahl der Giftstoffe herauszufinden, die er ertragen kann. Er probiert alles aus: sämtliche Nahrungs- und Suchtmittel, Medikamente, körperlichen Strapazen, Abenteuer oder psychischen Streß. Zu kaum einer Versuchung und Herausforderung sagt er nein. Natürlich ist dabei der Körper extrem gefordert und unter Umständen auch gefährdet. Aber er wird ebenso widerstandsfähiger, und wo die Grenze zur Selbstzerstörung liegt, kann man, von ganz offensichtlichen Fällen einmal abgesehen, oft sehr schwer sagen.

Nicht nur aus astrologischer Sicht ist ein reines, völlig giftfreies Leben genauso schädlich wie das eines Exzentrikers, der seinem Körper alles zumutet. Der Skorpion muß seinen Organismus beobachten und selbst entscheiden, was ihn stärkt und was ihn zerstört. Wichtiger ist etwas anderes: Findet der Skorpion auch den richtigen Weg, die toten und giftigen Stoffe zu beseitigen?

Übertragen auf die psychologische Ebene, verkörpern die unverdaulichen und giftigen Substanzen (Kot und Urin) und die Organe, in denen sie aufbewahrt werden, also Blase und Mastdarm, das Dunkle und Niedrige, das sich das menschliche Bewußtsein gern vom Leibe hält. Es wird mit Ekel belegt, als Tabuthema ausgegrenzt und verdrängt. Probleme mit der Ausscheidung bzw. Erkrankungen der Ausscheidungsorgane haben daher eine Entsprechung in der Seele: Eine Stuhlverstopfung bedeutet, daß das Unbewußte nicht hergezeigt werden will, bei einem Durchfall bricht das Unbewußte aus einem heraus, und eine Blasenerkältung verrät, daß auch die Seele unter Kälte leidet, die Verletzung aber nicht gezeigt werden soll. Somit sind Unterleibserkrankungen ganz generell Signale aus dem »Schattenreich«, verschlüsselte Botschaften, die helfen sollen, wieder ein natürlicheres Verhältnis zum Leben, zu seinem Organismus und seiner Psyche zu finden.

Zu jedem Tierkreiszeichen gehören bestimmte Organe und Malaisen

Auch hinter sexuellen Problemen verbirgt sich die Angst vor dem Unbewußten, letztlich die Angst vor dem Tod. Eine frigide Frau, die den Sexualakt verweigert, läßt niemanden in ihr Unbewußtes eintauchen und damit die verborgenen Schichten ihrer Seele erschauen. Der impotente Mann, der zu keiner Erektion oder auch Ejakulation fähig ist, weigert sich, sich vollständig zu offenbaren. Nirgends sonst zeigt sich der Mensch so nackt und offen wie in der Sexualität. Ein Orgasmus wurde schon oft als »ähnlich einem kleinen Tod« beschrieben. So manifestiert sich unsere Einstellung zur Hingabe und zum Unbekannten auch in unserer Einstellung zur Sexualität.
Wer im Ausscheidungs- und Genitalbereich Probleme hat, muß sich deshalb offen und ehrlich unter anderem mit folgenden Fragen auseinandersetzen und sie genauso mit seinem Partner erörtern:

- Verheimliche ich meinem Partner einen sexuellen Wunsch?
- Könnten meine Symptome auch unbewußte Kritik an meinem Partner beinhalten, und gibt es einen anderen Weg, meine Bedenken auszudrücken?
- Kann ich mich ohne Tabu auch mit meinen dunklen Seiten und »niedrigen« Wesensanteilen auseinandersetzen?

Pro »Weiblichkeit«

Männlicher und weiblicher Organismus unterscheiden sich primär durch die Sexualorgane. Zusätzlich unterstreicht die monatliche Regelblutung die Andersartigkeit und Besonderheit der Frau. In verschiedenen Kulturen bzw. Zivilisationen wird von der Frau erwartet, daß sie sich während ihrer Regelblutung zurückzieht. Auch werden bei vielen Paaren während dieses Zeitraums nicht nur sexuelle, sondern überhaupt körperliche Kontakte gemieden. Dahinter verbirgt sich – offen oder versteckt – eine Diskriminierung: In ihrer weiblichsten Phase, nämlich der Monatsblutung, wird die Frau ausgegrenzt.
Menstruationsbeschwerden genauso wie starke Regelblutungen sind oft eine (unbewußte) Demonstration der Weiblichkeit, des tiefen Frauseins und ein Protest gegen ihre Mißachtung durch einen Mann im besonderen und die Männer im allgemeinen.
Aber es ist auch möglich, daß sich eine Frau infolge einer frauenfeindlichen Erziehung gegen ihr eigenes Frausein wendet. Die Menstruation kann als ein Beispiel tiefer Hingabe an den Körper aufgefaßt

werden. Dieses Sichhingeben ist die Grundlage aller weiterer Fähigkeiten wie des Sichöffnens, Aufnehmens, Empfangens, Beschützens und Empfindens von Tiefe. Folgt die Regel nicht dem natürlichen Rhythmus, dann liegt ein Versuch vor, Weiblichkeit zu kontrollieren; setzt die Regel völlig aus, dann wurde der weibliche Teil vom männlichen besiegt.
Skorpione – Männer wie Frauen –, die unter Unterleibsstörungen leiden, sollten ihrem Verhältnis gegenüber Themen wie Tod, Vergänglichkeit, Leid, Loslassen, Hingabe und tiefer Weiblichkeit nachspüren und dabei folgende Fragen erörtern:

- Wie ist mein Verhältnis zur Weiblichkeit?
- Wie tief kann und will ich meinem Partner vertrauen?
- Habe ich das Gefühl, mich fallenlassen zu können?
- Habe ich Geheimnisse vor meinem Partner?
- Setze ich mich mit meiner Schattenseite ausreichend auseinander?
- Verniedliche ich das Leben?

WIE SKORPIONE GESUND BLEIBEN

Am wichtigsten ist, daß Sie das Tabu, welches über den Themen Verdauung, Ausscheidung und Sexualität schwebt, nicht übernehmen. Über eine Verstopfung oder eine Blasenentzündung kann man genauso frei sprechen wie über Kopf- oder Zahnschmerzen. Viele Urologen sowie Spezialisten für Haut- und Geschlechtskrankheiten klagen darüber, daß die Klienten viel zu spät in ihre Praxen kommen. Falsch wäre dann aber eine ausschließlich medikamentöse Behandlung. Denn wenn einmal »unten etwas nicht mehr stimmt«, dann sind die Dinge wohl auch in der Psyche nicht ganz an ihrem Platz. Hier macht die klassische Medizin grobe Fehler, falls sie nur das Symptom behandelt und die dem Leiden zugrundeliegende seelische Störung einfach ignoriert oder negiert. Vielmehr ist darüber hinaus ein einfühlsames Gespräch notwendig, eventuell auch eine Therapie, um die psychischen Auslöser zur Sprache zu bringen und damit ein Wiederauftreten der Krankheitszeichen zu verhindern.

Wenn es im Bett nicht klappt

»Du hast schon so lange nicht mit mir geschlafen, ich glaube, du liebst mich nicht mehr ...« – dies ist ein Standardsatz in vielen Beziehungen. Dabei gehört bereits einiger Mut dazu, ihn überhaupt auszusprechen; denn nicht wenige Partner schmollen statt dessen einfach und versuchen auf diese Weise auszudrücken, daß sie zu kurz kommen.

Über sexuelle Probleme zu reden ist bereits der erste Schritt, nicht an den für Skorpione typischen Symptomen zu erkranken. Der zweite ist, mit der unsinnigen Gleichsetzung von Sex und Liebe aufzuhören. Sexualität ist nicht alles. Zwei Menschen, die sich lieben, wachsen über die bloße Geschlechtlichkeit hinaus. Manchmal sind Erkrankungen an den Sexualorganen sogar ein Hinweis darauf, daß die Partnerschaft zu stark bzw. ausschließlich auf das Geschlechtsleben ausgerichtet ist. Skorpione neigen auch stärker zu Frigidität und Potenzstörungen. Handelt es sich dabei um ein permanentes Problem, dann sollte man einen Psychologen aufsuchen. Bei vorübergehenden Beeinträchtigungen oder bei Orgasmusschwierigkeiten reichen oft auch schon Selbsthilfemaßnahmen. Dabei lautet das oberste Gebot: Üben Sie keinerlei Druck aus, und lassen Sie sich umgekehrt nicht unter Druck setzen! Wenn es im Bett nicht so richtig klappt, dann sollte man die Fixierung auf den eigentlichen Höhepunkt, also die genitale Vereinigung und den Orgasmus, aufgeben; jede krampfhafte bzw. angstbesetzte Erwartungshaltung erreicht genau das Gegenteil des Gewünschten.

Das zweite Gebot lautet: Gehen Sie spielerisch mit dem ganzen Körper um – sich streicheln, massieren oder einfach nebeneinanderliegen und sich berühren.

Es gibt spezielle Therapien bei sexuellen Störungen. Günstig ist es immer, wenn beide Partner gemeinsam daran teilnehmen. Als Methoden kommen Paartherapie, Partnertherapie, Familientherapie, Tantra oder Sexualtherapie in Frage. Lassen Sie sich ausführlich beraten.

Die richtige Reinigung

Skorpione haben es in starkem Maße mit Schadstoffen und Giften zu tun. Sie müssen daher lernen, wie sie sich von diesen Substanzen – den physischen wie übertragen auch den psychischen – wieder befreien können.

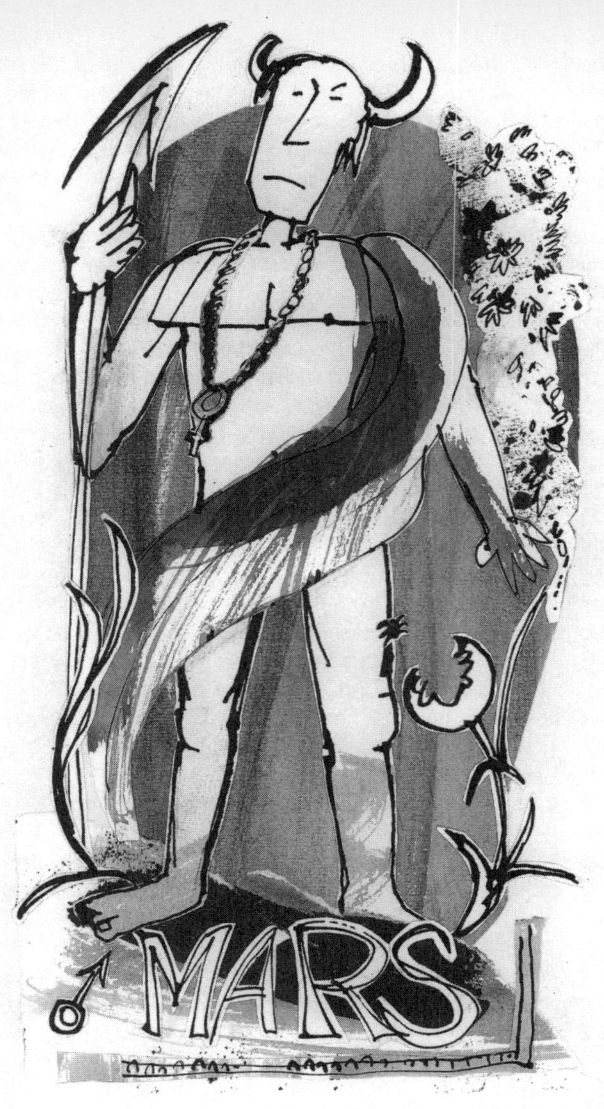

Mars, der Powerplanet, verleiht Fitneß und Kraft

Hier einige Tips: Gehen Sie, wenn aus ärztlicher Sicht nichts dagegen spricht, regelmäßig in die Sauna (man schwitzt dabei Schadstoffe aus). Bewegen Sie sich viel (neben der Kreislaufanregung und anderen gesundheitlichen Vorteilen kommt der Körper auch ins Schwitzen und entschlackt sich dadurch). Trinken Sie Quellwasser (der Körper wird durchspült). Bei Blasenerkältungen sollten Sie warme Sitzbäder nehmen, Blasen-Nieren-Tee trinken und die betroffene Körperregion warm halten. Und noch ein chinesisches Hausmittel: Geben Sie Reis in ein kleines Säckchen, erhitzen Sie es im Backofen, und legen Sie es auf die schmerzende Stelle.
Auch um die Entsorgung des »seelischen Mülls« muß man sich kümmern. Es ist falsch, Zorn, Neid, Ärger oder andere negative Gedanken und Gefühle lange mit sich herumzuschleppen. Es gibt dafür verschiedene Reinigungsrituale. Beispielsweise kann man sich nach einer belastenden Situation entspannen und alles Schwere und Frustrierende autosuggestiv aus sich weichen lassen. Manche Menschen nehmen eine Dusche und reinigen ihre Psyche symbolisch mit Wasser. Entscheidend ist, das »Gift« auch innerlich loszulassen. Es wird wenig fruchtbar sein, sich mit jemandem auseinanderzusetzen und dabei nicht innerlich zum Loslassen bereit zu sein. Der Skorpion muß dies lernen, erst dann ist die Ausscheidung wirklich vollzogen.

DIE APOTHEKE DER NATUR

Im November sammelt der Kräuterkundige Hagebutten. Sie besitzen einen hohen Grad an Vitamin C und eignen sich vorzüglich als Reinigungs-, Blasen- oder Nierentee. Ebenfalls zu dieser Zeit sollte man nach Skabiosenwurzeln (Grind- bzw. Krätzkraut) graben. Diese werden länglich geschnitten, an einen Faden gereiht und getrocknet. Wenn man einen Ausschlag bekommt, so lege man die Wurzel einige Zeit in Milch oder Wasser und trinke davon. Das reinigt, trägt Schleim ab und vertreibt den Ausschlag. Hagebutten und Skabiose sammelt man am besten in den zwei bis drei Tagen, während deren der Mond durch den Abschnitt Skorpion wandert.

DIE RICHTIGE DIÄT FÜR SKORPIONE

Mindestens zweimal im Jahr sollten Skorpione fasten. Denn das reinigt nicht nur den Körper, sondern auch die Seele. Der beste Zeitpunkt dafür liegt vor ihrem Geburtstag und dann wieder in der Fischezeit (vom 20. Februar bis zum 20. März). Bei einer Fastenkur ist es günstig, zuvor mit dem Hausarzt oder Heilpraktiker zu sprechen, um eventuelle gesundheitliche Risiken auszuschließen. Wer völlig gesund ist, braucht natürlich keinerlei Konflikte zu befürchten. Die Fastenkur sollte dann etwa ein bis zwei Wochen lang durchgeführt werden.
Eine Gemüse-Obst-Kur mit frischen, natürlichen Produkten ist ebenfalls eine gute Reinigungsmaßnahme. In diesem Zusammenhang sollte erwähnt werden, daß handelsübliche Obst- und Gemüsesäfte immer erhitzt und daher für eine Reinigung ungeeignet sind. Für Nichtvegetarier oder Laktovegetarier ist Eiweißfasten eine sehr gute Entschlackungsmethode. Dabei wird mindestens zwei Wochen lang auf Fleisch, Fisch, Eier, Nüsse, Milch-, Soja- und Bohnenprodukte verzichtet.
Eine zumindest am Anfang recht angenehme Reinigung bewirkt die Traubenkur im Herbst: Ungefähr eine Woche lang ißt man so viele reife (!) ungespritzte (!) Trauben, wie man möchte.

Beruf UND KARRIERE

IN SCHWEREN UND IN FROHEN ZEITEN

Vielleicht ist meine Auswahl von »Skorpionberufen«, bedingt durch meine eigene Tätigkeit als Psychotherapeut und Astrologe, etwas einseitig. Aber ich kenne vor allem solche Skorpione, die sich von einem Beruf angesprochen fühlen – oder ihn auch ausüben –, bei dem es darum geht, anderen zu helfen: Psychologe, Arzt, Heilpraktiker, Sozialarbeiter, Suchttherapeut, Krankenpfleger, Operationsschwester, Sterbebegleiter ... Auch Tätigkeiten, die nur indirekt mit Heilen und Helfen zu tun haben, ziehen Vertreter dieses Tierkreiszeichens magnetisch an, etwa Sprechstundenhilfe, Krankenwagenfahrer oder Pharmalaborant.
Fischegeborene ergreifen ebenfalls gern helfende Berufe. Aber ihr Wunsch ist, andere zu trösten. Schützen wiederum werden Helfer, weil sie Mut machen wollen. Skorpione jedoch sind solche Vertreter ihres Berufes, die sagen: »Erkenne dich selbst! Schau an, wer du wirklich bist, schonungslos, auch wenn dabei deine ganze Erbärmlichkeit zutage tritt.« Mit Skorpionen kann man durch die Hölle marschieren und dem Tod begegnen. Und weil sie sich vor tiefsten Schmerzen, Erniedrigungen und selbst der Fratze des Bösen nicht fürchten, können sie Menschen beistehen, die an der Schwelle des Todes, am Rande oder sogar außerhalb der Gesellschaft stehen.
Aber auch mit dem genauen Gegenteil – nämlich den Themen Geburt, Zeugung, Sexualität und Transformation – haben Skorpione beruflich zu tun. Gerade weil sie den Tod als Teil des Lebens achten, entdecken sie ebenso sein anderes Gesicht: daß er nur ein Stadium im ewigen Kreislauf des Lebens ist, daß jedem Sterben ein Auferstehen folgt. Allem, das zu einem neuen biologischen wie spirituellen Leben führt, gehören ihr Interesse und ihre Arbeitskraft: Befruchtung, Zeugung, Schwangerschaft, Geburt, aber auch der ganze Bereich der Verhütung, Liebe, Leidenschaft, Beziehung, Religion, Spiritualität. Ein in diesem Zusammenhang modernes und zukunftsweisendes Gebiet ist die Gentechnologie.
Skorpionmenschen leben zudem in großer Verbundenheit mit Vergangenem, Tradition, Ritualen, der Sippe, dem Volk. Aus diesem Grund

finden sie auch als Richter, Notar, Beamter oder Angestellter in Einwohnermeldeämtern und Kanzleien Bestätigung und Erfüllung.

GETARNT UND UNERKANNT

Nach dermaßen zum Teil dramatischen und außergewöhnlichen beruflichen Neigungen von Skorpionen erstaunt es, wenn man Gunter Sachs' Untersuchung *Die Akte Astrologie* zur Hand nimmt und dort liest, daß Skorpione am häufigsten Bäcker, Maurer, Maler, Schneider, Coiffeur, Buchhalter und Schreiner werden – also völlig unspektakuläre Berufe ergreifen. Wie paßt das zu der leidenschaftlichen und intensiven Lebensart von Skorpionen?
Zum einen müßte man sich über Skorpione, die derartige Berufe ausüben, erst einmal genauer informieren: Ich denke beispielsweise an eine Sekretärin bei einem Rechtsanwalt, an die Pressesprecherin einer großen Brauerei, an einen Auslieferer von Sanitätsprodukten und einen Friseur. Wenn man diese Menschen über ihre Tätigkeiten sprechen hört oder sie dabei beobachtet, tritt das Skorpionische deutlich zutage: Die Sekretärin hat einen Chef, von dem sie selbst sagt, daß er mit einem Fuß im Gefängnis steht, weil er ständig irgendwelche korrupten Geschäftsleute vertritt. Die Pressesprecherin der Brauerei muß häufig Ungereimtheiten bei Entscheidungen der Konzernleitung positiv »verkaufen«, kennt die Schwächen und Neurosen ihrer Chefs in- und auswendig, ist gleichermaßen Krankenschwester, Mädchen für alles und lächelndes Aushängeschild. Der Fahrer wiederum kommt durch die Rationalisierungen der Transportfirma derartig unter Druck, daß er, wie er es nennt, auf seinen Fahrten täglich Kopf und Kragen riskiert bzw. mit dem Gesetz in Konflikt gerät. Und der Friseur schneidet, formt und färbt zwar völlig unspektakulär die Haare, aber er unterhält sich dabei mit seinen Kunden wie ein Psychotherapeut, tröstet, klärt auf und erteilt Ratschläge.
Zum anderen neigen Skorpione tatsächlich zur Unauffälligkeit, aber als Tarnung. Sie ähneln darin den wirklichen Skorpionen in der Wüste, die in ihrer Färbung der jeweiligen Bodenbeschaffenheit angepaßt sind. Skorpionmenschen wollen unerkannt bleiben, sie scheuen das Licht der Öffentlichkeit. Sie gehören zum Wasserelement, was besagt, daß sie erst unter der Oberfläche, in der Tiefe, ihr Wesen offenbaren.

Der Tierkreis steht symbolisch für sämtliche Belange des Lebens

Andere Tierkreiszeichen, beispielsweise Stier, Löwe oder Wassermann, stehen gern im Mittelpunkt oder an der Spitze des Geschehens, führen an, stellen sich ins Rampenlicht, suchen Anerkennung und genießen das Gefühl der Macht. Das Skorpionische bewirkt etwas anderes, nämlich Zurückhaltung. Ich kenne einen Skorpion, er ist der »zweite Mann« hinter einer großen Zeitschrift. Er vertraute mir einmal sein »Geheimnis« an: »Ich bin jetzt seit zwanzig Jahren stellvertretender Chef. Viele fragen mich, warum ich nie erster geworden bin. Warum sollte ich? Seit ich hier bin, habe ich sieben Chefs kommen und gehen sehen – und es werden noch mehr werden. Ich bleibe lieber im Hintergrund; nicht weil ich Angst hätte, sondern weil ich aus dieser Position heraus alles viel besser im Griff habe.«

DAS ARBEITSUMFELD UND DIE BERUFE DER SKORPIONE

Wo arbeiten Skorpione am liebsten?

Skorpione arbeiten mit Vorliebe in Berufen, in denen Mut, Härte und Durchhaltevermögen gebraucht werden. Wo es um Gefahren, Leben und Tod geht, sind typische Vertreter dieses Tierkreiszeichens in ihrem Element. Spielen bei einer Tätigkeit Räume der Seele, der Magie, des Okkulten eine Rolle, werden Skorpione auch davon angesprochen. Arbeiten, die eine besondere menschliche Nähe und Bindung zum Inhalt haben, und Berufe im Zusammenhang mit Versicherungen, besonders Lebensversicherungen, dem Rentenmarkt oder der Nachlaßverwaltung sind typisch für Skorpiongeborene. Man findet sie vornehmlich ebenso im Notariat, im Erbgericht oder auf dem Einwohnermeldeamt. Wo außerordentliches oder übersinnliches Wissen eine Rolle spielt, wo geforscht wird oder wo es um Zeugung, Geburt und Schwangerschaft geht – da fühlt sich der Skorpion beruflich gut aufgehoben. Ist das Wohl der Familie Hauptthema einer Arbeit, hat der Skorpion auch hier ein geeignetes Betätigungsfeld gefunden, ebenso wenn es um Geheimnisse, um Tradition und Recht, um Abfallverarbeitung und Umweltbewußtsein geht. Verlangt ein Beruf Mitgefühl für Kranke und Außenseiter, fühlt sich der Skorpion an der richtigen Stelle.

Berufe des Skorpions

A/B (Angestellter/Beamter) Arbeitsverwaltung, A/B Kriminalpolizei, A/B Polizei, A/B Sozialversicherungsanstalten, A/B Strafvollzugsdienst, Altenpfleger, Apotheker, Archivar, Arzthelferin, Astrologe, Astronom, Berufe in Umweltorganisationen, Bibliothekar, Bilanzbuchhalter, Biochemiker, Biologe, Biologielaborant, biologisch-technischer Assistent, Biophysiker, Biotechniker, Botaniker, Chemielaborant, Chemiker, chemisch-technischer Assistent, Chemotechniker, Diakon, Dipl.-Ing. Fachrichtung Chemie, Dipl.-Ing. Hoch- und Tiefbau, Dipl.-Ing. im Metallbereich, Dipl.-Ing. in der Entwicklung, Dipl.-Ing. in Fertigungstechnik, Diplompsychologe, Diplomsozialarbeiter, Diplomphysiker, Diplomvolkswirt, Dorfhelferin, Facharzt für Allgemeinmedizin, Facharzt für Chirurgie, Fachlehrer, Fachwirt für Tagungs-, Kongreß- und Messewirtschaft, Familienpfleger, Fußpfleger, Gentechniker, Geologe, Geophysiker, Germanist, Gewerkschaftsfunktionär, Grund- und Hauptschullehrer, Hebamme, Heilerziehungspfleger, Heilerziehungspflegehelfer, Heilpädagoge, Heilpraktiker, Heimerzieher, Heimleiter, Historiker, Hochschullehrer, Jugendpfleger, Kernphysiker, Kindergärtnerin, Kinderkrankenschwester, Kinderpflegerin, Krankengymnast, Krankenpflegehelfer, Krankenpfleger, Krankenschwester, Kultur-/Medienmanager, Landespfleger, Landwirt, landwirtschaftlich-technischer Assistent, Lebensmittelchemiker, Lehrer in der Erwachsenenbildung, Masseur, medizinisch-technische Assistentin (MTA), medizinischer Bademeister, Meteorologe, Mikrobiologe, Mineraloge, Notar, Ökologe, Organisator, pädagogischer Assistent, Philologe, Philosoph, physikalisch-technischer Assistent, physiologischer Chemiker, Politiker, Politologe, Privatdozent, Programmierer, Psychotherapeut, Realschullehrer, Rechtsanwalt, Rechtspfleger, Recyclingfachmann, Rektor, Religionswissenschaftler, Seminarleiter, Sonderschullehrer, Sozialwissenschaftler, Speditionskaufmann, staatlich geprüfter Betriebswirt, Staatsanwalt, Theologe, Tierarzt, Tierpräparator, Umweltberater, Verkäufer, Versicherungskaufmann, veterinärmedizinische Assistentin, Wirtschaftsjurist, Wirtschaftsprüfer, Zahnarzt, Zahnarzthelferin, Zoologe.

Test:

WIE »SKORPIONHAFT« SIND SIE EIGENTLICH?

Mit Hilfe des folgenden Tests können Sie in Erfahrung bringen, wie typisch Sie für Ihr Tierkreiszeichen sind. Gehen Sie dabei so vor: Kreuzen Sie die Zahl an, wenn Sie die jeweilige Frage mit Ja beantworten. Falls Sie also gern Testfahrer wären, würden Sie die Zahl 1 ankreuzen. Wenn nicht, würden Sie dies nicht tun.

	+		–
Wären Sie gern Testfahrer?		1	
Sind Sie ein Mensch, der gern Geld zurücklegt?		2	
Halten Sie sich eher an den Grundsatz »Lieber zweimal fragen, als einmal etwas falsch machen«?		3	
Sind Sie gern unter Menschen?		4	
Möchten Sie in einem Restaurant die Gäste empfangen und an den Tisch begleiten?		5	
Sagen Sie gern anderen, was sie tun sollen?		6	
Würden Sie gern allein in einer Wetterstation arbeiten?		7	
Möchten Sie mit schwierigen Kindern und Jugendlichen Gespräche führen?		8	
Möchten Sie gern schwerkranke Menschen betreuen?		9	
Ist es Ihnen egal, was Sie arbeiten, Hauptsache, das Geld stimmt?		10	
Möchten Sie Nachrichtensprecher beim Fernsehen sein?		11	
Können Sie gut warten?		12	
Ist Ihnen Harmonie wichtig?		13	
Möchten Sie als Animateur andere Menschen unterhalten?		14	
Stehen Sie gern in der Öffentlichkeit?		15	
Möchten Sie Falschparkern einen Strafzettel geben?		16	
Möchten Sie Post durch die Frankiermaschine laufen lassen?		17	
Möchten Sie Gehälter abrechnen?		18	
Unterhalten Sie andere Leute gern?		19	
Möchten Sie an toten menschlichen Körpern experimentieren?		20	
Könnten Sie von der Hand in den Mund leben?		21	
Interessieren Sie sich für Äußerlichkeiten?		22	
Mögen Sie Spannung und Dramatik?		23	

	+		–
Führen Sie gern technische Berechnungen durch?		24	
Wären Sie gern ein Entdeckungsreisender oder ein Forscher?		25	
Können Sie sich leicht umstellen?		26	
Möchten Sie auf einer Bühne stehen?		27	
Möchten Sie Wunden verbinden?		28	
Können Sie leicht auf die Tageszeitung verzichten?		29	
Möchten Sie gern Kinder betreuen?		30	
Halten Sie Gefühle für wichtiger als den Verstand?		31	
Können Sie leicht aus sich herausgehen?		32	
Liegt Ihnen das Wohlergehen anderer am Herzen?		33	
Sind Sie gern Gastgeber?		34	
Betreuen Sie gern Kranke?		35	
Möchten Sie gern Lehrer sein?		36	
Möchten Sie bei Katastropheneinsätzen mithelfen?		37	
Gehen Sie gern und häufig aus?		38	
Möchten Sie Menschen beraten?		39	
Möchten Sie Schaufenster dekorieren?		40	
Möchten Sie gefährliche Chemikalien transportieren?		41	
Würden Sie gern an einem Bankschalter stehen?		42	
Treiben Sie gern Sport?		43	
Möchten Sie ein Buch über menschliche Sexualität schreiben oder verlegen?		44	
Wären Sie gern Astronaut?		45	
Schließen Sie leicht Kontakt?		46	
Möchten Sie gern Reporter sein?		47	
Übernehmen Sie gern Verantwortung?		48	
Wären Sie gern Fotomodell?		49	
Können Sie leicht bei einer Sache bleiben?		50	

Summe: ______________

Saturn nimmt Maß und setzt Grenzen

Auswertung

Schreiben Sie immer dann ein Plus (+) links neben die Zahl, wenn Sie die Nummern **1, 3, 8, 9, 20, 23, 25, 28, 30, 33, 35, 37, 39, 41, 44, 48** angekreuzt haben (maximal sechzehnmal ein Plus).

Tragen Sie immer ein Minus (–) neben der Zahl ein, wenn Sie die Nummern **2, 5, 11, 14, 15, 17, 22, 26, 32, 40, 46, 49** angekreuzt haben (maximal zwölfmal ein Minus).
Ziehen Sie die Anzahl der Minus- von der Anzahl der Pluszeichen ab. Die Differenz ist Ihr Testergebnis.

Interpretation

Ihr Testergebnis beträgt 6 oder mehr Punkte: Sie sind eine hundertprozentige Skorpionpersönlichkeit. Alles, was in diesem Buch über die Natur Ihres Tierkreiszeichens geschrieben steht, trifft in besonderem Maße auf Sie zu. Sie sind sozial, anhänglich, gefühlvoll, hinterfragend und tiefgründig, aber auch eifersüchtig und skeptisch. Vor allem sind Sie ein extremer Mensch, der allem Seichten und Oberflächlichen grundsätzlich mißtrauisch gegenübersteht.

Ihr Testergebnis liegt zwischen 2 und 5 Punkten: Bei Ihnen ist das Skorpionnaturell gedämpft. Wahrscheinlich haben Sie einen Aszendenten, der die Qualität Ihrer Skorpionpersönlichkeit in einer anderen Richtung beeinflußt. Oder Ihr Mond hat diese Wirkung. Für Sie ist es daher interessant, die Stellung Ihres Mondes und Ihren Aszendenten im zweiten Teil dieses Buches kennenzulernen. Es kann aber auch sein, daß Sie durch frühere Erfahrungen dazu veranlaßt wurden, Ihr Skorpionnaturell abzulehnen. Dann ist es besonders wichtig, daß Sie sich damit wieder anfreunden und es mehr zulassen.

Ihr Testergebnis beträgt weniger als 2 Punkte: Sie sind eine untypische Skorpionpersönlichkeit. Wahrscheinlich haben Sie einen Aszendenten, der sich völlig anders als das Skorpionprinzip deuten läßt, oder Ihr Mond steht in einem solchen Zeichen. Es wird sehr spannend für Sie sein, dies im zweiten Teil des Buches herauszufinden. Sie haben es aber im Lauf Ihres Lebens womöglich auch für nötig befunden, Ihre Skorpionseite abzulehnen und zu verdrängen. Es ist daher Ihre Aufgabe, sich mit diesem Teil Ihrer Persönlichkeit wieder anzufreunden: Sie sind zu einem großen Teil ein »Geschöpf des Wassers«, das seine Erfüllung in Bindungen findet und durch Hingabe über sich selbst hinauswächst.

Teil II IHRE INDIVIDUALITÄT

Der Aszendent und die Stellung von Mond, Merkur & Co. –

VORBEMERKUNG

In Teil I wurde erläutert, warum der Skorpion Ihr »Sternzeichen« ist, nämlich weil die Sonne zum Zeitpunkt Ihrer Geburt in diesem Abschnitt des Tierkreises stand. Nun gibt es in unserem Sonnensystem bekanntlich noch andere Himmelskörper, von denen der Erdtrabant Mond und die Planeten für die Astrologie bedeutsam sind. Sie alle haben ebenfalls entsprechend ihrer Stellung bei einer Geburt eine spezifische Aussagekraft. Obendrein spielen auch noch der Aszendent, die astrologischen Häuser und weitere Faktoren eine Rolle. Alles zusammen ergibt ein Horoskop.

Dieses Wort hat seine Wurzeln im Griechischen und heißt soviel wie »Stundenschau«, weil ein Horoskop auf die Geburtsstunde (eigentlich Geburtsminute) genau erstellt wird. Es ist also eine – in Zeichen und Symbole übersetzte – Aufnahme der astrologischen Gestirnskonstellationen zum Zeitpunkt einer Geburt. Es spiegelt die vollständige Persönlichkeit eines Menschen wider.

Im folgenden werden die neben der Sonne wichtigsten Größen eines Horoskops gedeutet: Aszendent, Mond, Merkur, Venus, Mars, Jupiter und Saturn. Sie können mit Hilfe des Geburtstags und der Geburtszeit ihre Position im Tierkreis ermitteln und dann die jeweilige Bedeutung kennenlernen. Die Interpretation dieser Horoskopfaktoren ist manchmal vom Sonnenzeichen des oder der Betreffenden abhängig, im großen und ganzen jedoch nicht. Wenn Sie also zum Beispiel ein Stier wären, dessen Mond im Widder stünde, müßte diese Mondstellung genauso gedeutet werden, wie wenn Sie vom Sonnenzeichen her eine Waage- oder eine Fischepersönlichkeit wären. Entsprechend finden Sie in den verschiedenen Bänden dieser Buchreihe in der jeweiligen Beschreibung des Aszendenten-, Mond-, Merkur-, Venus-, Mars-, Jupiter- und Saturnzeichens die gleichen Aussagen.

Auf der anderen Seite ist es wichtig zu verstehen, daß die Interpretation einer einzelnen Größe wie zum Beispiel Aszendent, Mond oder Sonne immer nur einen bestimmten Aspekt wiedergibt, der eventuell widersprüchlich zu dem sein kann, was über einen anderen Faktor gesagt ist. Die Kunst der Astrologie beruht aber gerade darauf, Verschiedenes,

eventuell sogar Sich-Widersprechendes miteinander zu verbinden bzw. gemäß der eigenen Intuition und Erfahrung zu gewichten.
Die Tabellen zur Berechnung des Aszendenten, der Mond-, der Merkur-, der Venus-, der Mars- und der Jupiterstellung in diesem Band gelten nur für Ihr Tierkreiszeichen, die Saturntabelle gilt auch für alle anderen Zeichen.

DER ASZENDENT

Von Ihrem Sonnenzeichen her sind Sie ein Skorpiongeborener, dies ist aber wie gesagt nur *ein* Aspekt Ihrer Persönlichkeit. Die Astrologie kennt noch viele andere, wovon der Aszendent der wichtigste ist. Für die Bestimmung des Aszendenten muß man allerdings die genaue Geburtszeit kennen. Sie ist erfahrbar, weil sie auf dem Standesamt des Geburtsorts festgehalten wird. Wenn Sie also die Zeit, zu der Sie das Licht der Welt erblickt haben, nicht kennen, haben Sie die Möglichkeit, dort anzufragen und um Auskunft zu bitten.
Als ich seinerzeit damit begann, Horoskope zu erstellen, war ich sehr erstaunt darüber, daß die Geburtszeit neben dem Geburtstag in den Büchern der Standesämter festgehalten wird. Der Geburtstag dient dem Staat neben anderen Angaben zur eindeutigen Identifizierung einer Person. Aber welchen Zweck erfüllt für die Bürokratie die Geburtszeit? Für mich liegt darin auch heute noch kein größerer Nutzen als dieser: Durch die schriftliche Fixierung der Geburtszeit liefern die Behörden der Astrologie die wichtigste Berechnungsgrundlage und ermöglichen so jedem Menschen einen Blick auf den ganz persönlichen, einzigartigen Anfang seines Lebens.
Der Aszendent symbolisiert Ihre individuelle Note. Das Sonnen- oder Tierkreiszeichen haben Sie ja gemeinsam mit allen Menschen, die wie Sie zwischen dem 24. Oktober und dem 22. November geboren sind. Der Aszendent jedoch ergibt sich aus Ihrer ganz persönlichen Geburtszeit.
Was ist denn nun der Aszendent? Bekanntlich dreht sich die Erde in zirka 24 Stunden um ihre eigene Achse. Von der Erde aus gesehen, beschreibt die Sonne dabei aber einen Kreis um unseren Planeten. Dieser Kreis wird – ebenso wie beim scheinbaren Kreislauf der Sonne um die Erde innerhalb eines Jahres – in zwölf Abschnitte unterteilt: die

zwölf Zeichen des Tierkreises. Entsprechend steigt am östlichen Horizont etwa alle zwei Stunden ein neues Tierkreiszeichen auf. Dasjenige, das zum Zeitpunkt Ihrer Geburt gerade dort aufging, nennt man »Aszendent« (dieser Begriff ist abgeleitet vom lateinischen Wort *ascendere* = »aufsteigen«).

Die Deutung des Aszendenten ist auch dementsprechend, denn zunächst einmal wollen Ihre Anlagen (repräsentiert durch den Aszendenten) das gleiche wie das Tierkreiszeichen am Himmel, nämlich »aufgehen«. Wenn Sie also Aszendent Widder »sind«, dann strebt die durch dieses Zeichen symbolisierte Kraft danach, in Ihrem Leben aufzugehen und stärker zu werden. Sind Sie Aszendent Fische, dann versuchen sich Fischekräfte in Ihrem Leben bemerkbar zu machen. Man kann auch sagen, daß Ihr Aszendent mit zunehmendem Alter immer stärker wird. Manchmal ergänzen sich Aszendent und Tierkreiszeichen, zuweilen sind sie völlig entgegengesetzt. Entsprechend fällt es einem leichter oder schwerer, seinen Aszendenten zusammen mit seinem »Stern-« bzw. Sonnenzeichen in sein Leben zu integrieren.

DIE ERMITTLUNG DES ASZENDENTEN

A Suchen Sie in Tabelle 1 Ihren Geburtstag, und tragen Sie die zugehörige Zahl in Feld 1 auf Seite 75 ein
(zum Beispiel: 10. November ergibt 34).

B Multiplizieren Sie Ihre Geburtsstunde mit der Zahl 15
(0.00 Uhr ergibt 0; 10.00 Uhr ergibt 150; und 23.00 Uhr ergibt 345).
Tragen Sie die gefundene Zahl in Feld 2 auf Seite 75 ein.

C Teilen Sie Ihre Geburtsminute durch die Zahl 4
(0 Minuten ergibt 0; 10 Minuten ergibt 2,5; 40 Minuten ergibt 10).
Tragen Sie die gefundene Zahl in Feld 3 auf Seite 75 ein.

Tabelle 1

23. Oktober	16
24. Oktober	17
25. Oktober	18
26. Oktober	19
27. Oktober	20
28. Oktober	21
29. Oktober	22
30. Oktober	23
31. Oktober	24
1. November	25
2. November	26
3. November	27
4. November	28
5. November	29
6. November	30
7. November	31
8. November	32
9. November	33
10. November	34
11. November	35
12. November	36
13. November	37
14. November	38
15. November	39
16. November	40
17. November	41
18. November	42
19. November	43
20. November	44
21. November	45
22. November	46
23. November	47
24. November	48

D Suchen Sie in der Landkarte den Abschnitt, in dem Ihr Geburtsort liegt, und tragen Sie die Ortszahl in Feld 4 auf Seite 75 ein (München ergibt 12, Berlin ergibt 13).

E Bilden Sie die Zwischensumme 1 aus Feld 1 bis 4.

F War bei Ihrer Geburt Sommerzeit? Dann muß die Zahl 15 abgezogen werden. Die Sommerzeiten in Deutschland, Österreich und der Schweiz finden Sie in der folgenden Tabelle auf Seite 73 bzw. 74.

G Bilden Sie die Zwischensumme 2. Ergibt sich eine Zahl von über 360, dann muß die Zahl 360 abgezogen werden.

H Bilden Sie die Summe 3.

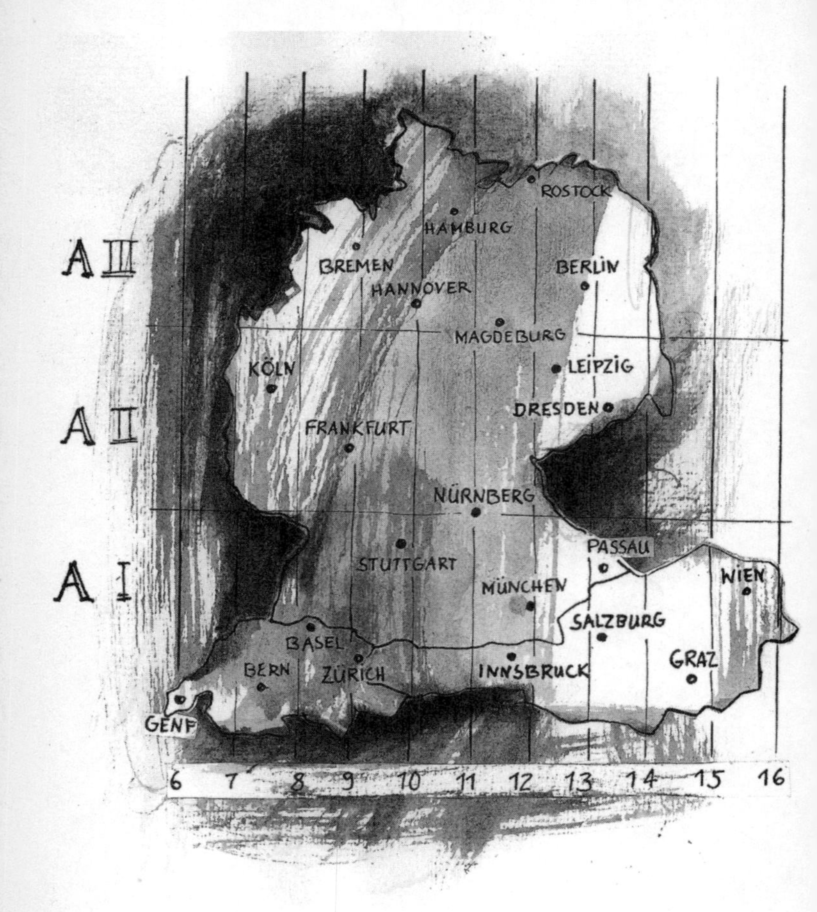
A III
A II
A I
ROSTOCK
HAMBURG
BREMEN
BERLIN
HANNOVER
MAGDEBURG
KÖLN
LEIPZIG
DRESDEN
FRANKFURT
NÜRNBERG
PASSAU
STUTTGART
WIEN
MÜNCHEN
SALZBURG
BASEL
BERN
ZÜRICH
INNSBRUCK
GRAZ
GENF
6 7 8 9 10 11 12 13 14 15 16

Sommerzeiten in Deutschland und Österreich

1940	1. April bis 31. Dezember
1941	1. Januar bis 31. Dezember
1942	1. Januar bis 1. November
1943	29. März bis 3. Oktober
1944	3. April bis 1. Oktober
1945	2. April bis 15. Oktober[1]
1946	14. April bis 7. Oktober
1947	6. April bis 5. Oktober[2]
1948	18. April bis 2. Oktober
1949	10. April bis 1. Oktober (D/sowj. bes. Zone bis 18. November)
1980	6. April bis 27. September
1981	29. März bis 26. September
1982	28. März bis 25. September
1983	27. März bis 24. September
1984	25. März bis 29. September
1985	31. März bis 28. September
1986	30. März bis 27. September
1987	29. März bis 26. September
1988	27. März bis 24. September
1989	26. März bis 23. September
1990	25. März bis 29. September
1991	31. März bis 28. September
1992	29. März bis 26. September
1993	28. März bis 25. September
1994	27. März bis 24. September
1995	26. März bis 23. September
1996	31. März bis 26. Oktober
1997	30. März bis 25. Oktober
1998	29. März bis 24. Oktober
1999	28. März bis 30. Oktober
2000	26. März bis 28. Oktober
2001	25. März bis 27. Oktober
2002	31. März bis 27. Oktober
2003	30. März bis 26. Oktober

1 Im sowjetisch besetzten Gebiet Deutschlands vom 24. Mai bis 24. September doppelte Sommerzeit (mitteleuropäische Zeit minus 2 Stunden). Wenn Sie davon betroffen sind, sollten Sie sich ein professionell erstelltes Horoskop anfertigen lassen (siehe Info am Ende dieses Buches).

2 1947: doppelte Sommerzeit. Siehe Anm. 1.

Sommerzeiten in der Schweiz

1941	5. Mai bis 6. Oktober
1942	4. Mai bis 5. Oktober

Ab **1981** wie Deutschland und Österreich

Bestimmen Sie in Tabelle 2 Ihren Aszendenten. Dabei müssen Sie noch unterscheiden, ob Ihr Geburtsort in Abschnitt AI, AII oder AIII der Landkarte liegt.

Tabelle 2

AI	AII	AIII	Aszendent
270–280	270–279	270–278	Widder
281–284	280–283	279–282	Widder/Stier
285–297	284–295	283–291	Stier
298–303	296–301	292–299	Stier/Zwillinge
304–321	302–319	300–313	Zwillinge
322–330	320–328	314–325	Zwillinge/Krebs
331–355	329–353	326–348	Krebs
356–7	354–5	349–3	Krebs/Löwe
8–35	6–34	4–31	Löwe
36– 48	35–47	32–46	Löwe/Jungfrau
49–77	48–76	47–75	Jungfrau
78–89	77–89	76–89	Jungfrau/Waage
90–117	90–118	90–119	Waage
118–130	119–131	120–132	Waage/Skorpion
131–158	132–160	133–164	Skorpion
159–171	161–173	165–175	Skorpion/Schütze
172–197	174–200	176–204	Schütze
198–208	201–210	205–213	Schütze/Steinbock
209–228	211–230	214–235	Steinbock
229–235	231–237	236–239	Steinbock/Wassermann
236–249	238–251	240–254	Wassermann
250–254	252–255	255–256	Wassermann/Fische
255–265	256–266	257–266	Fische
266–269	267–269	267–269	Fische/Widder

Wenn Ihr Aszendent auf ein doppeltes Zeichen (zum Beispiel Widder/Stier) fällt, ist es ratsam, sich Ihren Aszendenten genau bestimmen zu lassen (siehe Info am Schluß des Buches).

Beispiel: Helga Mustermann, geb. am 22.11.1967 um 8.45 Uhr in Köln

A	Feld 1	Ihr Geburtsdatum ergibt die Tageszahl	46
B	Feld 2	Ihre Geburtsstunde ergibt die Stundenzahl	120 (8 mal 15)
C	Feld 3	Ihre Geburtsminute ergibt die Minutenzahl	11 (45 durch 4)
D	Feld 4	Ihr Geburtsort ergibt die Ortszahl	7,5
E	Zwischensumme 1		184,5
F	Sommerzeit (?)	(–15) nein	–
G	Zwischensumme 2		184,5
	Über 360 (?)	(–360) nein	–
H	**Summe 3**		**184,5**

Im Beispiel ist der Aszendent (184,5 in AII) Schütze.

Hier können Sie Ihren Aszendenten berechnen

A	Feld 1	Ihr Geburtsdatum ergibt die Tageszahl	______
B	Feld 2	Ihre Geburtsstunde ergibt die Stundenzahl	______
C	Feld 3	Ihre Geburtsminute ergibt die Minutenzahl	______
D	Feld 4	Ihr Geburtsort ergibt die Ortszahl	______
E	Zwischensumme 1		______
F	Sommerzeit (?)	(–15)	______
G	Zwischensumme 2		______
	Über 360 (?)	(–360)	______
H	**Summe 3**		______

Mein Aszendent lautet: ______________________

DIE ASZENDENTEN DER SKORPIONE

Wenn Sie Ihren Aszendenten ermittelt haben, können Sie nun im folgenden etwas darüber erfahren, was er über bestimmte Teilbereiche Ihrer Persönlichkeit aussagt (siehe auch die Vorbemerkung am Beginn von Teil II). Haben Sie ein doppeltes Zeichen errechnet, lesen Sie am besten nach, was über beide geschrieben steht – meistens erkennt man dann schon, welches das wahrscheinlichere ist. Sie können sich aber auch den Aszendenten bzw. ein ganzes Horoskop mit allen Gestirnskonstellationen errechnen lassen (siehe die Info am Ende dieses Buches).

Aszendent WIDDER

Vorteile Direkt, spontan, dynamisch, durchsetzungsstark
Nachteile Ungeduldig, launisch
Aszendentenherrscher Mars

Darüber sollte kein Zweifel bestehen: Sie geben den Ton an, Sie treffen die Entscheidungen – und zwar blitzschnell. Gegenargumente interessieren Sie zunächst einmal herzlich wenig! Manche werden Sie daher gelegentlich »skrupellos« nennen, vielleicht sogar einen »Egoisten« ... Aber was soll man machen? Sie sind nun mal ein temperamentvoller Mensch! Außerdem treten Sie ja niemandem grundlos auf die Füße. Also warum sollten Sie auf Ihre spontane, direkte Art verzichten, nur weil Sie von Schlafmützen umringt sind? Man wird doch wohl noch sagen dürfen, was Sache ist ...! Sie behaupten ja auch nicht, daß Sie mit Ihrem Aszendenten Widder ins diplomatische Korps aufgenommen werden möchten oder eine Beamtenkarriere mit dem Prädikat »gute Führung« anstreben. Dafür sind Sie viel zu temperamentvoll und ungeduldig.
Ihre Qualitäten sind ganz anderer Natur: Überall da, wo Neues entsteht, wo expandiert wird, da haben Sie Ihre große Chance. Sie sind der Ausputzer, und das nicht nur auf dem Fußballfeld. Losstürmen, zupacken, durchgreifen – das können Sie wie kaum ein zweiter.
Obwohl nicht gerade feinfühlig, sind Sie trotzdem sehr beliebt. Im Grunde bleiben Sie ein herrlicher Kindskopf bis ins hohe Alter – sind aber auch mit Achtzig noch unfähig, Ihre Wut und Ungeduld in den Griff zu kriegen.

Aszendenten-Check
Wie ergänzen sich Sonne und Aszendent? Ihr Sonnenzeichen Skorpion und Ihr Aszendentenzeichen Widder sind widersprüchlich. Das Widderprinzip setzt auf Ichhaftigkeit und Unabhängigkeit, das Skorpionprinzip auf Ichüberwindung. Sie geraten daher immer wieder in ein Spannungsfeld zwischen beiden Prinzipien. Letztlich profitiert aber Ihr Leben davon, weil Ihr Tun nicht nur egoistischen Zielen folgt.

Aszendent STIER

Vorteile Solide, sachlich, praktisch, sinnlich
Nachteile Stur, inflexibel
Aszendentenherrscher Venus

Von Ihrer Aszendentenkraft her sind Sie ein Praktiker, der das Leben realistisch und mit Hilfe seiner fünf Sinne betrachtet. Wertvoll ist, was gut klingt, angenehm riecht und schmeckt, schön aussieht und sich anfassen läßt. Außerdem sind Sie hedonistisch, also bis in die Zehenspitzen genußorientiert, dabei aber nie leichtsinnig, flatterhaft oder unzuverlässig. Schnaps ist Schnaps, und Dienst ist Dienst! Und ohne Arbeit keine Kohle und ohne Kohle kein Vergnügen! Manche sehen in Ihnen deswegen nichts anderes als einen schnöden Materialisten, ohne zu erkennen, was Sie wirklich sind: Realist nämlich – und praktisch durch und durch, mit beiden Beinen fest auf der Erde.
Was Sie einmal als Ihr Eigentum deklariert haben, lassen Sie sich nur ungern wieder nehmen. Doch Sie sind kein knausriger Mensch; Sie sind durchaus bereit zu teilen, aber niemand darf Sie drängen!
Wenn Sie lieben, würden Sie sogar Ihr letztes Hemd verschenken. In derart rosaroter Stimmung wird aus Ihnen ein Philosoph, der nächtelang über Gott und die Welt räsoniert und sich vom wortkargen und nüchternen Pragmatiker zum redegewandten Charmeur mausert. Ihr Partner darf alles, bloß kein Asket sein – genausowenig aber auch kein lockeres Vögelchen, das Ihr geliebtes Geld zum Fenster rauswirft.

Aszendenten-Check
Wie ergänzen sich Sonne und Aszendent? Ihr Sonnenzeichen Skorpion und Ihr Aszendentenzeichen Stier sind sehr verschieden, was zu Spannungen führen kann. Aber Probleme machen nicht nur zu schaffen,

sondern sie bringen auch weiter – und das ist Ihnen um so wichtiger, je älter Sie werden. Am schwierigsten wird es sein, damit fertig zu werden, daß Sie sowohl eine tiefe Bindung wünschen – also extrem *du*-orientiert sind – als auch sehr gern nur an sich selbst denken.

Wichtig für Sie: Wo steht Venus? Siehe das Kapitel »Das Venushoroskop – Ihre Liebesfähigkeit«!

Aszendent ZWILLINGE

Vorteile Gewandt, beredt, vielfältig, kommunikativ
Nachteile Zerstreut, unsicher
Aszendentenherrscher Merkur

Lässig wie die Rose am Revers tummeln Sie sich durchs Leben, welches Ihnen, solange Sie in guter Verfassung sind, nie eintönig grau, sondern bunt und vielfältig wie der Blick durch ein Kaleidoskop erscheint. Sie beherrschen oft mehrere Sprachen, bestimmt aber einige Dialekte, und könnten ohne weiteres in völlig unterschiedlichen Branchen arbeiten oder das Management führen. Je unterschiedlicher die Aufgaben sind, die man Ihnen stellt, um so besser werden Sie. Am bemerkenswertesten sind Ihr Redetalent und Ihre Fähigkeit, Kontakte zu schließen. Aber Sie wollen das Leben in allen Nuancen auskosten, sind ungeheuer neugierig und möchten möglichst viele Menschen kennenlernen, und dafür muß man eben reden, reden, reden …
Dogmen, starre Regeln, die Zehn Gebote oder der »Bart des Propheten« lassen Ihnen einen Schauer über den Rücken laufen. Denn Ihrer tiefsten Überzeugung nach hält sich das Leben auch nicht an feste Vorgaben und überkommene Vorstellungen, sondern gleicht eher einer schillernden Seifenblase, einem Glasperlenspiel oder einer Komödie mit ständig wechselnden Rollen.
Es gibt allerdings auch noch eine andere Seite bei Ihnen, der Sie weit weniger Aufmerksamkeit schenken, eine tiefe, hinterfragende, bohrende, verurteilende. Sie spielt Ihren Schatten, dämpft zuweilen Ihren Esprit, zieht Sie sogar manchmal völlig in den Keller.
Freiheit und Unabhängigkeit stehen in Ihrer persönlichen Werteskala an der Spitze, weshalb Sie auch regelmäßig Probleme in festen Beziehungen bekommen.

Aszendenten-Check
Wie ergänzen sich Sonne und Aszendent? Ihr Sonnenzeichen Skorpion und Ihr Aszendentenzeichen Zwillinge sind schwer unter einen Hut zu bringen. Um es ganz einfach zu sagen: Der »Skorpionteil« will Qualität, der »Zwillingeteil« Quantität. Das kann sehr anregend, aber auch wahnsinnig nervig sein.

Aszendent KREBS

Vorteile Gefühlvoll, häuslich, sensibel, fürsorglich
Nachteile Launisch, abhängig
Aszendentenherrscher Mond

Sie sind ein bißchen rätselhaft und verlieren sich am liebsten in Ihrer eigenen oder anderer Leute Psyche. »Seelentaucher« könnte man Sie nennen ... Das Leibliche kommt deswegen aber noch lange nicht zu kurz. Sie sind ein Meister der Küche und würden sich, wenn Sie es drauf anlegten, allemal jede Menge »Kochlöffel« oder »-mützen« verdienen. Aber Sie sind auch scheu. Sie drängen nicht ins Rampenlicht. Über Ihre göttlichen Talente im Bett kann man nur munkeln. Wie kaum jemand anderes können Sie kindlich-ausgelassen albern sein. Aber Sie haben auch Ihre Launen. Wer die verstehen will, studiere zuerst Freuds Psychoanalyse, dann Dantes *Göttliche Komödie* und zum Schluß die hohe Kunst der Zen-Meditation.
In guten Zeiten sind Sie nämlich fröhlich, mit glänzenden Augen, extravertiert. Zwei Tage später vielleicht sind Sie wie verwandelt, stumm, scheu, abwesend, in sich gekehrt und zu wie eine Auster! Rätselhaft! Ein Mensch mit zwei Gesichtern! Und das alles, weil Sie wie kein anderes Tierkreiszeichen vom Mond abhängig sind. Beobachten Sie es einmal: Wird seine Sichel größer, wächst auch Ihr Selbstbewußtsein. Zieht sich der Mond zurück, leidet Ihr Nervenkostüm, die Empfindsamkeit wächst, und aus Angst, sich zu verletzen, ziehen Sie sich hinter Ihren Krebspanzer zurück.

Aszendenten-Check
Wie ergänzen sich Sonne und Aszendent? Ihr Sonnenzeichen Skorpion und Ihr Aszendentenzeichen Krebs ergänzen sich prima, ja unterstützen sich regelrecht. Sie gehören beide dem Wasserelement an, was

Ihre seelische Kraft »verdoppelt«. Sie brauchen eher einen sozialen Beruf, damit Sie Ihr großes Mitgefühl zum Fließen bringen können.

Wichtig für Sie: Wo steht der Mond? Siehe das Kapitel »Das Mondhoroskop – Ihre Gefühle«!

Aszendent LÖWE

Vorteile Selbstbewußt, großzügig, herzlich, schöpferisch
Nachteile Stolz, träge
Aszendentenherrscher Sonne

Sie sind ein ganz besonderer Mensch. Sie gehen, sprechen, lächeln anders – nie unscheinbar, sondern immer mit Ausdruck. Ihr Geschmack ist untrüglich, und weil Sie nur das Echte und Ursprüngliche lieben, ist Ihr Leben ziemlich anspruchsvoll und teuer. Dazu kommt eine ungeheure Vitalität (ja, Sie können auch stinkfaul sein, aber das steht auf einem anderen Blatt).
Zurückhaltung, Bescheidenheit und Schamgefühl kommen in Ihrem Repertoire kaum vor. Sie sagen, was Sie denken, und tun, was Sie wollen – und damit basta! Kein Wunder, daß die anderen den Atem anhalten und Sie offen oder heimlich bewundern.
Gibt es allerdings Spannungen und Widersprüche, geben Sie rasch auf. Sie müssen in solchen Situationen verstehen, daß andere einen gewissen Respekt vor Ihnen haben: Sie werden es nicht so leicht wagen, Ihnen mit Forderungen oder gar Kritik zu nahe zu treten. Denn viele haben den Eindruck, daß Sie bei allem Humor und Großmut doch ziemlich abweisend sein können. Halten Sie darauf Ihr Augenmerk, machen Sie es anderen leichter, an Sie heranzukommen, damit Sie sich nicht – völlig unabsichtlich – selbst isolieren.
Wen Sie lieben, schließen Sie voll in Ihr Herz, aber sich einem Menschen zu unterwerfen empfinden Sie als Selbstaufgabe und Demütigung.

Aszendenten-Check
Wie ergänzen sich Sonne und Aszendent? Ihr Sonnenzeichen Skorpion und Ihr Aszendentenzeichen Löwe haben Annäherungsprobleme. Ihr »Skorpionteil« sucht Verinnerlichung, macht Sie eher introvertiert. Ihr »Löweteil« möchte sich ausleben, macht Sie also eher extravertiert.

Die Sonne ist die wichtigste Kraft in einem Horoskop

Aus einem anfänglich problematischen »Entweder-Oder« kann mit der Zeit aber ein ausgewogenes »Sowohl-als-auch« werden.

Aszendent JUNGFRAU

Vorteile Zuverlässig, ehrlich, sachlich, beschwingt
Nachteile Pessimistisch, kritisch
Aszendentenherrscher Merkur

Geistig fit und jung zu bleiben ist Ihnen sehr wichtig ... genauso wichtig wie ein ordentlicher Gefühlshaushalt. Von Verdrängungen und unausgesprochenen Emotionen halten Sie nämlich nichts – Sie wollen sich mit Ihren Gefühlen auseinandersetzen, darüber reden, um sich ein reines, unbeschwertes Wesen zu erhalten. Sie wissen, Sie schlafen dann besser. So lernen Sie von Kind auf, Ihre Wünsche allmählich in den Griff zu kriegen, wenn nötig, aufzuschieben, bis die Gelegenheit günstiger ist. Oder Sie streichen sie nach dem Motto »Was ich nicht weiß, macht mich nicht heiß« ganz von Ihrer Liste: eine äußerst pragmatische Einstellung.
Diese Vernunft, gepaart mit einer gewissen Nüchternheit, äußert sich auch bei anderen Gelegenheiten: In der Liebe zum Beispiel lodern die Flammen der Leidenschaft zwar durchaus heftig, aber Sie suchen auch ruhigere Freuden wie Freundschaft, Zuneigung, Zärtlichkeit, Fürsorge und Treue.
Anderen gegenüber sind Sie sehr kritisch. Als Entschuldigung läßt sich nur anführen, daß Sie mit sich selbst noch härter umspringen.

Aszendenten-Check
Wie ergänzen sich Sonne und Aszendent? Ihr Sonnenzeichen Skorpion und Ihr Aszendentenzeichen Jungfrau ergänzen sich bestens: Sie sind einerseits ein praktischer, realistischer Mensch, der sein Augenmerk auf die Dinge richtet, die sein Leben sicher machen können. Andererseits besitzen Sie ein reiches Gefühlsleben und eine tiefe Intuition. Ihr Lebensweg wird daher immer von praktischer Vernunft und emotionalem Abwägen geleitet – die besten Voraussetzungen für ein schöpferisches und befriedigendes Dasein.

Aszendent WAAGE

Vorteile Anmutig, charmant, stilvoll, neutral
Nachteile Abhängig, unecht
Aszendentenherrscher Venus

Mit Ihrer entgegenkommenden, freundlichen Art gelingt es Ihnen schnell, Kontakt zu anderen zu finden, und Sie wissen sofort, was Ihre Mitmenschen möchten. Bei Ihnen selbst blicken Sie allerdings weniger gut durch. Spontane Entscheidungen fallen Ihnen besonders schwer. Sie müssen alles genau abwägen, und häufig entscheiden dann andere für Sie.
Das ist auch in Partnerschaften der Fall. Wenn Sie am Anfang einer Liebe stehen, mag das noch angehen, aber auch dann, wenn eine Beziehung zu Ende geht, treffen eher Ihre Partner die Entscheidung, obwohl Sie in Wirklichkeit längst mit dem Gedanken einer Trennung gespielt haben.
Kreativität ist Ihnen angeboren. Sie haben Geschmack, Stil und tolle Einfälle. Der Nachteil: Alltagsroutine fällt Ihnen schwer. Am liebsten würden Sie immer nur schwelgen, lieben, die Welt verschönern ... Und zwar nicht nur äußerlich, sondern auch atmosphärisch. Sie sind bemüht, harte Kontraste und kantige Widersprüche in Ihrer Umgebung nach Möglichkeit zu vermeiden. Unter Freunden, in einer Partnerschaft oder Familie genauso wie in einem Arbeitsteam sorgen Sie für eine angenehme, heitere und entspannte Atmosphäre.
Das ist großartig, wenn es darum geht, Konflikte zu vermeiden oder Streithansel zu versöhnen. Aber es kann auch des Guten zuviel werden, nämlich dann, wenn Sie Unstimmigkeiten grundsätzlich aus dem Weg gehen. Lernen Sie, daß ein gewisses Maß an Streit und Auseinandersetzungen zu einem erfüllten Leben gehören!

Aszendenten-Check
Wie ergänzen sich Sonne und Aszendent? Ihr Sonnenzeichen Skorpion und Ihr Aszendentenzeichen Waage machen Sie zu einem fürsorglichen und liebevollen Menschen. Sie müssen aber lernen, auch einmal etwas zu verlangen, dann werden Sie sehr erfolgreich sein.

Wichtig für Sie: Wo steht Venus? Siehe das Kapitel »Das Venushoroskop – Ihre Liebesfähigkeit«!

Aszendent SKORPION

Vorteile Furchtlos, unergründlich, energisch, leidenschaftlich
Nachteile Mißtrauisch, starr
Aszendentenherrscher Pluto

Sie haben eine doppelte Skorpionnatur, weil Sie sowohl vom Sonnen- als auch vom Aszendentenzeichen her Skorpion »sind«. Nun kommt es allerdings ganz darauf an, ob Sie vor oder nach dem Sonnenaufgang geboren wurden. Diese Unterscheidung ist in der Astrologie äußerst wichtig. Sie sollten sich daher ein sogenanntes Radixhoroskop erstellen lassen (siehe die Info am Ende dieses Buches), denn anhand eines solchen Geburtshoroskops läßt sich diese wichtige Frage entscheiden. Vielleicht finden Sie es aber auch beim weiteren Lesen heraus.
Wurden Sie vor oder genau bei Sonnenaufgang geboren, steht Ihre Sonne im ersten Haus. Dann sind Sie ein typischer Skorpion – gefühlvoll, aus dem Bauch heraus lebend und sehr bindungsstark. Für Sie trifft all das, was über Skorpiongeborene im ersten Teil des Buches geschrieben wurde, in besonderem Maße zu. Was Ihren Beruf anbelangt, sollten Sie unbedingt versuchen, eine Führungsfunktion zu übernehmen, denn dafür spricht diese Gestirnskonstellation.
Wurden Sie hingegen nach Sonnenaufgang geboren, sind Sie eher ein nachdenklicher, sensibler Mensch, der es nicht leicht hat, seine Skorpioneigenschaften zu leben. Sie verfügen dafür über besondere mentale, ja wahrscheinlich sogar mediale Begabungen. Durch unkonventionelles und schöpferisches Denken können Sie neue (berufliche) Wege einschlagen. Wichtig ist, daß Sie Ihr soziales Verantwortungsgefühl entwickeln, denn Sie sind ein Mensch, den es nicht glücklich macht, wenn er nur an sich selbst denkt: Sie haben anderen – der Gesellschaft als Ganzes – etwas zu geben.

Aszendenten-Check
Wie ergänzen sich Sonne und Aszendent? Sonnen- und Aszendentenzeichen sind gleich und verstärken sich gegenseitig.

Aszendent SCHÜTZE

Vorteile Optimistisch, aufgeschlossen, mitreißend, jovial
Nachteile Unrealistisch, leichtgläubig
Aszendentenherrscher Jupiter

Ihr Leben ist eine fortwährende Suche nach Abwechslung und Überraschung, Änderung und Verwandlung: Es gibt für Sie keine größere Horrorvorstellung als die Aussicht, daß alles so bleibt, wie es ist. Als Maßnahme gegen die Langeweile stürzen Sie sich ins Abenteuer, treiben exzessiven Sport, fahren schnelle Autos und verbringen Ihren Urlaub abseits jeder touristischen Trampelroute. Streß und Improvisation sind die Motoren, die Sie antreiben und zu Höchstleistungen trimmen. Karriere machen Sie daher bestimmt nicht dort, wo Routine das wichtigste ist.
Parallel zu draußen ist auch drinnen Action angesagt: Sie kennen die Macht der Phantasie und zaubern daraus wie aus einer magischen Wundertüte immer wieder etwas Neues, Buntes hervor.
Ihr Auftreten ist dynamisch. Ausstrahlung braucht der erfolgreiche Mensch, Faszination, Charisma, Sex-Appeal! Und Sie strotzen von alledem! Wer es sich grundlegend mit Ihnen verderben will, braucht nur die Unwahrheit zu sagen. Lügen verachten Sie. Man darf von Ihnen auch nicht erwarten, daß Sie Ihre aufrichtige Meinung verbergen. Sie sagen, was Sie denken, und verärgern damit oft andere.

Aszendenten-Check
Wie ergänzen sich Sonne und Aszendent? Sie haben beides, Inspiration und Intuition. Damit sind Sie ein äußerst begabter Mensch. Aber Sie brauchen Ziele, die Sie begeistern, und Menschen, die Sie begeistern können. Zuweilen kommen Sie in Konflikt zwischen Ihrer Sehnsucht nach einem »Nest« und Ihrem Bedürfnis nach Ferne. Das macht Sie ruhelos, aber es vermittelt Ihnen auch einen weiten Horizont.

Wichtig für Sie: Wo steht Jupiter? Siehe das Kapitel »Das Jupiterhoroskop ...«!

Aszendent STEINBOCK

Vorteile Sachlich, objektiv, gerecht, zäh
Nachteile Hart, kalt
Aszendentenherrscher Saturn

Sie sind ein Mensch für den zweiten Blick, nicht besonders auffällig oder selbstbewußt, auch nicht unbedingt umwerfend charmant. Aber Sie sind entschlossen, zäh und willensstark. So wie die richtigen Steinböcke in den Bergen für ein Leben droben unterm Gipfel geschaffen sind, gehören auch Sie hinauf – und werden dort eines Tages landen. Auf jeden Fall haben Sie die richtigen Voraussetzungen für einen Gipfelsturm: Sie sind genügsam, zäh und ausdauernd.
Ihre berufliche Ausgangslage ist also bestens. Sie sind dafür prädestiniert, Verantwortung zu übernehmen, andere zu führen und ihnen ein Vorbild zu sein. Weil Sie die Dinge »von oben herab« betrachten, vertreten Sie ein übergeordnetes Prinzip, das Sie zum Wohle aller einzusetzen in der Lage sind. In der Organisation und Verwaltung leisten Sie Hervorragendes.
Doch alles hat seinen Preis. Weil Sie für einen harten Lebenskampf gerüstet sind, ist Ihr Gefühlsleben entsprechend spärlich. Sie haben in aller Regel schon früh erfahren, daß das mit den Gefühlen so eine Sache ist, daß sie verletzlich und hilflos machen … Also besser, man zeigt sie nicht. Daraus wurde mit der Zeit eine Gewohnheit.

Aszendenten-Check

Wie ergänzen sich Sonne und Aszendent? Ihr Sonnenzeichen Skorpion und Ihr Aszendentenzeichen Steinbock ergänzen sich ausgezeichnet. Sie sind ein Mensch, in dessen Nähe alles wächst und gedeiht. Sie sind realistisch, aber nicht dogmatisch, erdverbunden, aber nicht materialistisch. Sie sind regelrecht dafür geboren, Verantwortung zu übernehmen. Etwas unnahbar, stur und inflexibel sind Sie gelegentlich, aber da kann man ja auch bewußt gegensteuern.

Aszendent WASSERMANN

Vorteile Human, frei, unkonventionell, erfinderisch
Nachteile Abgehoben, nervös
Aszendentenherrscher Uranus

Sie haben die richtige Mischung aus kühler Vernunft, exzentrischen Angewohnheiten und schöpferischer Phantasie. Virtuos beherrschen Sie die feinsten gesellschaftlichen Umgangsformen und verachten dennoch jede Regel. Ihr bestbehütetes Gut ist Ihre Unabhängigkeit. Um sie zu retten, opfern Sie auch mal eine sichere, aber sterbenslangweilige Karriere als Beamter oder Angestellter im öffentlichen Dienst. Routine, Arbeit nach Vorschrift und Vorgesetzte, die Ihnen wie Geier aufs Aas auf die Finger starren, bedeuten das Aus für Ihr sprühendes Temperament.
Ihr Charakter zeigt eine gewisse Ähnlichkeit mit »Luft«. So sind Sie vom Wesen her sehr transparent und offenbaren sich leicht anderen Menschen. Und Sie lassen sich auch nur schwer greifen und begreifen und lösen sich wie Luft auf, wenn man Sie einmal wirklich packen möchte. Gefühle und Leidenschaften sind Ihnen vertraut. Aber diese berühren Sie niemals heftig und tief. Daher erfreuen Sie sich auch im Regelfall einer inneren Harmonie und Gelassenheit. Ihr Temperament ist eher fröhlich, heiter – sanguinisch.

Aszendenten-Check
Wie ergänzen sich Sonne und Aszendent? Ihr Sonnenzeichen Skorpion und Ihr Aszendentenzeichen Wassermann sind schwer miteinander zu vereinbaren. Vereinfacht dargestellt, versucht der »Skorpionteil« tiefe Gefühle zu leben, das »Wassermann-Naturell« will geistige Befruchtung und Erneuerung. Das kann wahnsinnig nervenaufreibend, aber – bei genügend Kompromißbereitschaft und geistiger Aufgeschlossenheit – auch sehr anregend sein.

Aszendent FISCHE

Vorteile Geheimnisvoll, intuitiv, sensibel, verständnisvoll
Nachteile Unsicher, unrealistisch
Aszendentenherrscher Neptun

Sie sind ein ewiges Rätsel! Naiv wie ein Kind, mysteriös wie eine Sphinx – mal messerscharf denkend, ja fast schon genial, dann wieder völlig abwesend, träumend, zerstreut, unfähig, die einfachsten Dinge auf die Reihe zu bringen. Gewöhnungsbedürftig für alle, die mit Ihnen leben, sind die Phasen, in denen Sie im Chaos versinken, sich gehenlassen und vernachlässigen.
Am erstaunlichsten ist Ihre Intuition – Ihre fast schon übersinnlichen Fähigkeiten: als könnten Sie Gedanken lesen, in die Zukunft blicken und hellsehen. Als Frau sind Sie noch eine Spur mysteriöser, obwohl Sie als Mann natürlich ebenfalls diesen »Faktor X« besitzen, ihn aber lieber vor der Öffentlichkeit verbergen. Auf der anderen Seite lassen Sie auch kaum ein Fettnäpfchen aus: Wenn's darum geht, sich so richtig schön danebenzubenehmen, kann Ihnen keiner das Wasser reichen! Auch das ist ein Grund, warum Sie sich oft so einsam und unverstanden fühlen: »Keiner liebt mich, keiner versteht mich ...« – ist das nicht Ihr Lieblingsvorwurf gegenüber dem Rest der Welt? Irgendwann werden Sie verstehen, warum Sie häufig allein sind: weil Sie so am glücklichsten sind! Das heißt jetzt nicht, daß Sie ins Kloster oder ins Himalajagebirge gehören. Im Gegenteil! Sie sind eine derartig schillernde und reizende Person, daß es nichts Schöneres gibt, als mit Ihnen den ewigen Reigen der Wassernymphen und Faune zu tanzen: locken, sich fangen lassen, entkommen, lachen und davonlaufen ...

Aszendenten-Check
Wie ergänzen sich Sonne und Aszendent? Sie sind ein Mensch »mit doppeltem Wasser« – denn sowohl Skorpion als auch Fische gehören dem Wasserelement an. Für die Bewältigung Ihres Alltags haben Sie mit dermaßen viel Wasser zuweilen Probleme, was Sie sich einfach zugestehen sollten. Dafür sind Sie ungeheuer sensibel, einfühlsam, fürsorglich und allem Seelischen gegenüber sehr aufgeschlossen. Versuchen Sie, einen Weg zu finden, auf dem Sie Ihr großes Mitgefühl und Ihre schöpferischen Anlagen einbringen können.

Das Mondhoroskop – IHRE GEFÜHLE

Im folgenden Kapitel geht es darum, in welchem Zeichen der Mond zum Zeitpunkt Ihrer Geburt stand. Denn der Mond ist in der Astrologie neben der Sonne das bedeutsamste Gestirn.

Mondzeichen

Der Mond

»Au clair de la lune,
mon ami Pierrot,
prête-moi ta plume,
pour écrire un mot.
Ma chandelle est morte,
je n'ai plus de feu.
Ouvre-moi ta porte
pour l'amour de Dieu.«

Im Schein des Mondes,
mein Freund Pierrot,
leih mir deine Feder,
um ein Wort zu schreiben.
Meine Kerze ist aus,
ich habe kein Feuer mehr.
Öffne mir deine Türe
um der Liebe Gottes willen.

Französisches Volkslied

In einem Schöpfungsmythos heißt es, der Mond sei ein Kind der Erde. Ein anderer beschreibt ihn als Teil unseres Planeten, den dieser aus sich herausgerissen und in den Himmel geschleudert habe, um damit Raum für das Wasser der großen Ozeane zu schaffen: Und dieses Wasser brachte der Erde Fruchtbarkeit. Zu letzterer Geschichte würde passen, daß das Volumen des Mondes, großzügig bemessen, etwa so groß ist wie der Raum, den alle Meere zusammen einnehmen. Doch schon die frühesten Analysen von Mondgestein ergaben, daß Mond und Erde wegen des signifikanten Unterschieds der Beschaffenheit eine andere Entstehungsgeschichte haben müssen.
In allen Mythen, Geschichten und Erzählungen über den Mond wird er als weiblich, die Sonne hingegen als männlich gesehen. In den romanischen Sprachen setzt sich diese Tradition im grammatischen Geschlecht fort: So heißen Mond und Sonne beispielsweise im Italienischen *la luna* und *il sole* und im Französischen *la lune* und *le soleil.*
Von einem Vollmond bis zum nächsten verstreichen 28 Tage. Genauso lange dauert der Zyklus einer Frau. Schon dadurch ist die Beziehung zwischen Weiblichkeit und Mond überdeutlich: Die Sonne wird mit dem Männlichen assoziiert, der Mond mit dem Weiblichen.

Sonne	**Mond**
männlich	weiblich
Vater	Mutter
direkt	indirekt
ausstrahlend	empfangend
Verstand	Gefühl
aktiv	passiv
bestimmend	sorgend
logisch	intuitiv

Auch in der Astrologie verkörpert die Sonne zunächst einmal den Mann und der Mond die Frau. Die Frau ist ihrem Mond näher als ihrer Sonne.
Nehmen wir als Beispiel eine Dame mit der Sonne im Widder (also dem Tierkreiszeichen Widder) und dem Mond im Krebs. Sie wird sich nicht richtig verstanden fühlen, wenn sie in einem Astrologiebuch über ihr Tierkreiszeichen Widder liest, sie sei dynamisch, rücksichtslos, spontan, selbstsicher. Erfährt sie jedoch dann, was über den Mond im Krebs geschrieben steht – gefühlvoll, häuslich, anhänglich, fürsorglich –, wird sie sich sofort wiedererkennen. Mit anderen Worten: Eine Frau müßte eigentlich bei ihrem Mondzeichen nachlesen und nicht bei ihrem Sonnen- bzw. Tierkreiszeichen. Die gängige Astrologie ist offenbar stark am Mann orientiert: Ein Sonnen- oder Tierkreiszeichen-Horoskop findet man beinahe in jeder Zeitung, das Mondzeichen-Horoskop hingegen in kaum einer einzigen – was aber natürlich auch daran liegen dürfte, daß das Mondzeichen für den Leser schwieriger als das Sonnenzeichen zu ermitteln ist.
Je eher eine Frau jedoch ihre traditionelle Rolle verändert, nicht mehr nur Mutter und Hausfrau ist, sondern »ihren Mann steht«, um so mehr wird sie auch ihre Sonne leben. Allerdings wäre es jetzt wiederum völlig falsch, ihren Mond unberücksichtigt zu lassen.
Eine bewußte und emanzipierte Frau schöpft idealerweise aus Sonne und Mond: Führungsaufgaben, die von Männern in der Regel hierarchisch-gebieterisch gelöst werden, gehen Frauen meist anders an – sie lassen mehr Nähe (Mond) zu und können ihre Mitarbeiter dadurch viel besser motivieren. Auch bei Entscheidungen sind Frauen, die sowohl Logik (Sonne) als auch Intuition (Mond) zulassen können, Männern – wenn letztere sich denn nur »nach der Sonne richten« – um ein beträchtliches überlegen.
Sind bei einer Tätigkeit die dem Mond zugeschriebenen Eigenschaften beteiligt, fühlt man sich wohl, zu Hause, geborgen, mit sich stimmig. Darüber hinaus gibt es viele Bereiche, in denen mit Gefühl, Intuition, Geschmack, Ahnung, Atmosphäre und Stimmigkeit besser und erfolgreicher gearbeitet werden kann. Man denke nur an Kunst, Politik und das Heilen. Aber auch in der Wirtschaft müssen immer wieder Entscheidungen getroffen werden, bei denen man nichts in der Hand hat als eben ein gutes bzw. ein schlechtes Gefühl.

Um »Ihren persönlichen Mond« zu finden, gehen Sie nach der folgenden Beschreibung vor:

A Entnehmen Sie Ihre Jahres-Monatszahl der *Tabelle 1*:

Jahr*	Okt.	Nov.	Jahr	Okt.	Nov.	Jahr	Okt.	Nov.
1920	50	104	1948	168	221	1976	291	339
1921	186	237	1949	305	351	1977	56	100
1922	318	3	1950	67	111	1978	178	226
1923	78	123	1951	192	243	1979	307	1
1924	222	270	1952	339	31	1980	102	150
1925	357	48	1953	116	161	1981	226	270
1926	128	172	1954	237	281	1982	348	34
1927	248	294	1955	357	54	1983	118	171
1928	34	87	1956	151	203	1984	273	320
1929	168	218	1957	287	331	1985	36	80
1930	298	342	1958	47	92	1986	159	207
1931	58	105	1959	173	225	1987	291	344
1932	205	258	1960	323	14	1988	84	130
1933	340	29	1961	97	141	1989	206	250
1934	108	152	1962	217	263	1990	328	18
1935	229	277	1963	343	36	1991	103	156
1936	15	69	1964	135	186	1992	254	300
1937	151	200	1965	267	311	1993	16	61
1938	278	321	1966	28	74	1994	139	189
1939	39	88	1967	157	208	1995	275	329
1940	188	240	1968	307	357	1996	64	109
1941	323	10	1969	76	120	1997	186	231
1942	88	131	1970	198	245	1998	309	359
1943	210	260	1971	324	17	1999	88	140
1944	357	50	1972	119	168	2000	234	279
1945	134	181	1973	246	290	2001	356	42
1946	257	301	1974	8	55	2002	120	171
1947	22	71	1975	137	188	2003	260	313

B Entnehmen Sie Ihre Tageszahl aus *Tabelle 2*:

Tag	Zahl	Tag	Zahl	Tag	Zahl
1.	0	11.	132	21.	265
2.	13	12.	145	22.	278
3.	26	13.	159	23.	291
4.	40	14.	172	24.	304
5.	53	15.	185	25.	317
6.	66	16.	199	26.	331
7.	79	17.	212	27.	344
8.	92	18.	225	28.	357
9.	105	19.	238	29.	11
10.	119	20.	252	30.	24
				31.	37

C Entnehmen Sie die Stundenzahl aus *Tabelle 3*:

Geboren um	Punkte	Geboren um	Punkte
0–2 Uhr	–6	12–14 Uhr	+1
2–4 Uhr	–5	14–16 Uhr	+2
4–6 Uhr	–4	16–18 Uhr	+3
6–8 Uhr	–3	18–20 Uhr	+4
8–10 Uhr	–2	20–22 Uhr	+5
10–12 Uhr	–1	22–24 Uhr	+6

Ohne Geburtszeit beträgt die Stundenzahl 0.

* Sämtliche Planetentabellen beginnen mit dem Jahr 1920. Das bedeutet jedoch in gar keiner Weise, daß ältere Leser nicht angesprochen werden sollten. Aber irgendwo muß einfach ein Schnitt gezogen werden. Älteren Lesern wird empfohlen, sich ihre Planetenpositionen anhand eines Geburtshoroskops berechnen zu lassen (siehe Info am Ende dieses Buches).

Beispiel: Geburtstag am 22. November 1967, -zeit 8.45 Uhr:

A Jahres-Monatszahl		208
B Tageszahl		278
C Stundenzahl		– 2
Summe		484
wenn über	360 (–360)	– 360
Summe total		**124**

Das Mondzeichen lautet Krebs/Löwe. Für dieses Beispiel kommen also die Texte »Mond im Krebs« und »Mond im Löwen« in Frage. Ergibt sich wie hier ein doppeltes Mondzeichen, können beide Textabschnitte richtig sein.

Hier können Sie Ihren persönlichen Mond bestimmen:

A Jahres-Monatszahl		______
B Tageszahl		______
C Stundenzahl		______
Summe		______
wenn über	360 (–360)	______
Summe total		______

Die Auswertung:

Total	Mond im Zeichen
9–20	Widder
21–38	Widder/Stier
39–50	Stier
51–68	Stier/Zwillinge
69–80	Zwillinge
81–98	Zwillinge/Krebs
99–110	Krebs
111–128	Krebs/Löwe
129–140	Löwe
141–158	Löwe/Jungfrau
159–170	Jungfrau
171–188	Jungfrau/Waage
189–200	Waage
201–218	Waage/Skorpion
219–230	Skorpion
234–248	Skorpion/Schütze
249–260	Schütze
261–278	Schütze/Steinbock
279–290	Steinbock
291–308	Steinbock/Wasserm.
309–320	Wassermann
321–338	Wassermann/Fische
339–350	Fische
351–8	Fische/Widder

Ihr persönliches Mondzeichen lautet ______________________________

DIE MONDZEICHEN DER SKORPIONE

Wenn Sie Ihr Mondzeichen herausgefunden haben, können Sie nun ähnlich wie beim Aszendenten im folgenden etwas darüber erfahren, was es über Ihre Persönlichkeit aussagt (siehe auch die Vorbemerkung am Beginn von Teil II dieses Buches). Haben Sie ein doppeltes Zeichen ermittelt, lesen Sie wieder am besten nach, was über beide Zeichen geschrieben steht – Sie erkennen dann wie gesagt sicher schon, welches das zutreffendere ist. Im Zweifelsfall können Sie sich aber auch ein genaues Horoskop errechnen lassen (siehe Info am Ende des Buches).

Mond im Widder – FEURIG

Mondstärken Gern etwas unternehmen. Direktheit, Selbständigkeit, Ichhaftigkeit. Suche nach eigenständiger Wirksphäre. Intensives Phantasieleben. Musikalische oder bildnerische Begabung. Unkonventionelle berufliche Wege einschlagen. Ideenträger sein. Erspüren von Macht
Mondschwächen Aggressivität. Spannung

Sie sind ein außergewöhnlich reizender Mensch, wirken jung, unschuldig, unkompliziert, und ein entwaffnender Charme nimmt Ihrem Angriff jeden Stachel. Sie äußern sich sofort, wenn Ihnen etwas nicht paßt. Diplomatie zählt nicht zu Ihren Stärken. Sie geben sich unverstellt und haben Ihr Herz am rechten Fleck. Sie können aber auch, und das erstaunt bei Ihnen, sehr empfindlich sein. Versucht man, Ihre Angriffe zu parieren, reagieren Sie mit so großer Betroffenheit, daß man seine eigene Rage schnell wieder vergißt. Am schlechtesten ertragen Sie, wenn Sie übersehen werden: Ohne Erfolgserlebnisse wandeln Sie sich trotz Ihres feurigen Widdermonds in ein Lamm, das resigniert auf bessere Zeiten wartet.

Ihre Liebesfähigkeit: Wer Sie liebt, lebt im siebten Himmel oder in der zehnten Hölle. Andere Varianten des Daseins gibt es für Sie kaum. Mit Ihnen kann man reisen, jeden Sport treiben und jederzeit ein gemeinsames Geschäft eröffnen. Eine Person, die zu Hause geduldig auf ihren Allerliebsten wartet, sind Sie aber gewiß nicht.

Mond-Check
Wie weiblich macht mich mein Mond? Nicht besonders stark. Widder ist ein sehr männliches Zeichen.
Wie mütterlich macht mich mein Mond? Sie sind der Typ »Kumpel zum Pferdestehlen«, aber kein ausgeprägter Muttertyp.
Wie gefühlvoll macht mich mein Mond? Sie sind sehr feurig.
Aber das bedeutet nicht, daß Sie besonders gefühlvoll sind.
Wie intuitiv macht mich mein Mond? Sie haben starke Ahnungen und Wahrträume.

Mond im Stier – ERDIG

Mondstärken Gern leben und genießen. Gefestigtes Gefühlsleben. Naturliebe. Musikalität (besonders Gesang). Sammelleidenschaft. Gutmütigkeit. Häuslichkeit. Geschmack. Praktische Begabung. Fühlen, was Sache ist. »Geld riechen«
Mondschwächen Antriebsarmut. Materialismus

Sie stehen mit beiden Füßen fest auf Mutter Erde, aber nur dort, wo etwas gedeiht. Sie handeln und denken praktisch und verlieren nie den finanziellen Aspekt aus den Augen. Über Geldmangel brauchen Sie jedenfalls nicht zu klagen. Denn wer den Mond im Stier hat, den beschenken auch die Sterne. Zudem sind Sie eine äußerst sinnliche Person. Und mit diesem Potential glänzen Sie nicht nur in der Liebe. Sie können beispielsweise phantastisch kochen.

Ihre Liebesfähigkeit: Eine hervorstechende Eigenschaft ist Ihr Mut. Sie folgen einem Partner in die Antarktis oder heiraten einen Zirkusartisten. Ausgefallenes oder Skurriles weckt Ihr Interesse und nicht selten Ihre Leidenschaft. Sie suchen einen richtigen Partner, weil Sie wissen, daß Sie auch allein leben könnten. Im anderen Lager stehen Sie daher hoch im Kurs. Sie beschwören einerseits den Traum von himmlischer Liebe, entsprechen aber gleichzeitig dem Wunsch nach einem sehr bodenständigen, praktischen Partner. Im Umgang mit Ihnen zählt Respekt. Auf Achtlosigkeit reagieren Sie zunächst höflich, dann kalt, und schließlich schwören Sie Rache – und führen sie aus.

Mond-Check

Wie weiblich macht mich mein Mond? Sie sind sehr weiblich; beinahe so etwas wie der Inbegriff von Weiblichkeit (so Sie eine Frau sind).

Wie mütterlich macht mich mein Mond? Sie haben gern Kinder und Familie.

Wie gefühlvoll macht mich mein Mond? Sie besitzen ein sehr natürliches und selbstverständliches Gefühlsleben.

Wie intuitiv macht mich mein Mond? Sie sind allen Geschöpfen der Natur sehr nah und beziehen aus der Natur Kraft und Intuition.

Eine besondere Mondphase beim Mond im Stier: Vollmond

Sie sind in der Vollmondphase (zwei Tage vor bis zwei Tage nach dem Vollmond) geboren und damit ein besonderer Mensch. Denn Sie tragen in sich die lebendige Spannung zwischen Mann und Frau am deutlichsten. Das führt zu einem reichen und faszinierenden Beziehungsleben. Es kann aber auch große Konflikte für Partnerschaft und Liebe bringen.

Schau, der goldene Mond dort:
Er ißt Pomeranzen,
Schalen, die er fortwirft,
auf dem Wasser tanzen.

Spanischer Kinderreim

Mond in den Zwillingen – HEITER

Mondstärken Gern reden und kontaktieren. Vielseitigkeit, Ausdrucksfähigkeit, Kontakt- und Kommunikationsfreude. Schriftstellerische Begabung. Leichten Zugang zum Seelischen. Andere Menschen intuitiv erfassen. Sich gut darstellen können. Andere überzeugen können

Mondschwächen Oberflächlichkeit. Manipulation. Enttäuschungen

Mit Ihrem Zwillingemond sind Sie ein heiterer, fröhlicher Mensch, der sein Gefühlsleben prima im Griff hat. Besondere Talente besitzen Sie darin, andere zu unterhalten und zwischen Menschen zu vermitteln. Sie werden daher gern von solchen aufgesucht, die allein sind. Über Ihre Gefühle zu reden macht Ihnen keinerlei Probleme. Mit Unausgesprochenem, Erfühltem und Erahntem können Sie wenig anfangen. Das hilft Ihnen zwar, einen klaren Kopf zu bewahren. Aber es entgeht Ihnen auch etwas, nämlich die schöne Erfahrung, sich in Zusammenhänge eingebunden zu erleben, die den eigenen Verstand übersteigen. Sich einfach einmal von den Wogen der Gefühle mitreißen zu lassen und sich ihnen hinzugeben, das sollten Sie ausprobieren.

Ihre Liebesfähigkeit: Auch die Liebe nehmen Sie wie Ihr Leben: leicht und bunt und bar aller Ernsthaftigkeit. Einem Schmetterling gleich flattern Sie von einem Höhepunkt zum nächsten und, wenn sich die Gelegenheit ergibt, auch mal von einem Partner zum anderen. Ihre Unabhängigkeit ist Ihnen so wichtig, daß Sie lieber allein leben, als in einer engen Zweierbeziehung zu ertrinken (wie Sie es nennen). Sie brauchen Ihre Freiheit.

Mond-Check

Wie weiblich macht mich mein Mond? Das Zeichen Zwillinge ist ein männliches; entsprechend männlich sind auch Sie.

Wie mütterlich macht mich mein Mond? Sie sind absolut kein »Muttertyp«.

Wie gefühlvoll macht mich mein Mond? Sie haben schwer Zugang zu tiefen Gefühlen.

Wie intuitiv macht mich mein Mond? Sie sind sehr intuitiv und berühren leicht Seelisches.

Mond im Krebs – GEFÜHLVOLL

Mondstärken Gern für andere dasein. Die Umwelt atmosphärisch erfassen. Erlebnistiefe. Seelische Beeindruckbarkeit. Naturverbundenheit. Starke unbewußte Kräfte. Mütterlichkeit. Häuslichkeit. Starkes Innenleben. Einfühlungsgabe. Weibliche Logik. Telepathische Fähigkeiten

Mondschwächen Täuschungen. Sich im Unbegriffenen verstricken. Probleme durch gespannte Mutterbeziehung

Sie können scherzen wie ein übermütiges Kind und die Welt mit glänzenden Augen betrachten. Sie können aber auch stumm, scheu, in sich gekehrt, abwesend und wie von einem unsichtbaren Panzer umgeben erscheinen. Wer den Mond im Krebs hat, verändert sich mit dem Wandel dieses Trabanten. Wird seine Sichel schmäler, ziehen Sie sich zurück. Nähert er sich jedoch seiner vollen, strahlenden Gestalt, wächst auch Ihr Mut. Streß und Druck versetzen Sie in Panik. Sie erledigen dann zwar Ihre Arbeit, aber von Ihrer Genialität bleibt wenig übrig.

Ihre Liebesfähigkeit: Die Liebe beherrschen Sie am vollkommensten. Sie sind anschmiegsam und lieben das Behagliche und auch Beharrliche. Um der Liebe willen würden Sie selbst am Nordpol leben; und auch dort wird es dann fein und kuschelig. Natürlich hat soviel Hingabe ihren Preis: Menschen mit dem Mond im Krebs wollen ihren Partner ganz und immer. Kompromisse gibt es nicht.

Mond-Check

Wie weiblich macht mich mein Mond? Der Krebsmond macht Sie extrem weiblich.

Wie mütterlich macht mich mein Mond? Eigene Kinder und eine Familie, für die Sie sorgen können, gehören zum Wichtigsten in Ihrem Leben.

Wie gefühlvoll macht mich mein Mond? Sie haben ein sehr starkes Gefühlsleben.

Wie intuitiv macht mich mein Mond? Ihre Träume und Ihre Intuition haben große Tiefe. Sie verfügen außerdem über große heilerische Fähigkeiten.

Mond im Löwen – STOLZ

Mondstärken Sich gern darstellen. Selbstvertrauen haben. Verantwortung übernehmen können. Künstlerische Kreativität. Ausdruckskraft. Sich für Schwächere einsetzen. Gerechtigkeitsempfinden. Unternehmungsgeist und Risikofreude. Schauspielerische Talente. Andere positiv motivieren können. Repräsentieren können

Mondschwächen Autoritätsprobleme mit weiblichen Vorgesetzten. Anlage zu Theatralik und Cholerik

Sie zeichnen sich durch einen superben Geschmack und eine untrügliche Nase für das Echte aus, sind vital, schöpferisch, originell, und Sie besitzen ein Herz aus purem Gold. In gewisser Weise ähneln Sie ganz dem Löwen, dem König unter den Tieren; auch in Ihren Adern fließt freies, ja königliches Blut. Die Beziehung zum Feuerelement ist ausgesprochen stark. Feuer, Wärme, Sonne sind Ihr Lebenselixier. Sie müssen daher immer wieder in den Süden, um Hitze aufzutanken.

Ihre Liebesfähigkeit: Wer mit Ihnen lebt, muß über ein Thema erhaben sein: Gleichberechtigung. Eine Frau oder ein Mann mit dem Mond im Löwen führen an und bestimmen den Ton. Dafür besitzt man in Ihnen einen Schatz, eine lächelnde Sonne, einen Menschen, der auf der angenehmen und erfolgreichen Seite des Lebens geht. Da muß Ihr Partner schon diesen Einsatz bringen ...

Mond-Check

Wie weiblich macht mich mein Mond? Löwemond-Menschen sind feurig und stark.
Wie mütterlich macht mich mein Mond? Sie spielen gern Mutter und verwöhnen andere.
Wie gefühlvoll macht mich mein Mond? Sie haben spontane, feurige Gefühle, verlieren sie aber auch schnell wieder.
Wie intuitiv macht mich mein Mond? Licht und Wärme nährt Ihre Intuition und führt zu großer Kreativität und Schöpferkraft.

Mond in der Jungfrau – FRÖHLICH

Mondstärken Gern organisieren, ordnen, ausführen. Fähigkeit zu gewissenhafter Prüfung. Hochentwickelter Sozialgedanke. Gespür für alle Bereiche, die mit Gesundheit zu tun haben. Zugang zu geheimem Wissen. Feines Gespür. Pflichtgefühl. Konzentrationsfähigkeit. Bewußtsein für Ernährung

Mondschwächen Ungelebte Emotionen manifestieren sich als psychosomatische Störungen

Sie sind äußerst anpassungsfähig. Sie stellen sich nur ungern gegen den Wind, »floaten« lieber und richten sich wie ein leichter Segler nach sanften Brisen. Sie drängeln auch nicht nach vorn. Bescheidenheit gehört zu Ihrem Naturell, und gegen jede Art von Hochstapelei sind Sie richtiggehend allergisch.

Ihre Liebesfähigkeit: Sie haben ein ausgesprochen fröhliches Naturell und trachten danach, Ihr eigenes Leben und das Ihres Partners so angenehm wie möglich zu gestalten. Aus allem das Beste zu machen, darin sind Sie sogar ein unübertroffener Meister. Ihre eigene Stimmung ist oft abhängig von der Ihres Partners. Fühlt er sich glücklich, sind Sie es auch. Was Ihre Treue anbelangt, sind Sie das Spiegelbild Ihres Partners: Was er sich leistet, leisten Sie sich auch. Selten brechen Sie als erste(r) aus. Geschieht es dennoch, ist das garantiert ein Zeichen dafür, daß der Energiefluß zwischen Ihnen und Ihrem Partner nicht mehr stimmt.

Mond-Check

Wie weiblich macht mich mein Mond? Eher mädchenhaft als weiblich (und burschikos beim Mann). Jungfrau ist ein weibliches Zeichen, und entsprechend weiblich sind Sie auch selbst.
Wie mütterlich macht mich mein Mond? Sie können die Aufgaben einer Mutter erfüllen, fühlen sich aber eher zu etwas anderem berufen.
Wie gefühlvoll macht mich mein Mond? Gefühlen gegenüber sind Sie eher mißtrauisch.
Wie intuitiv macht mich mein Mond? Die Natur ist Ihre große Lehrmeisterin. Sie können durch Wissen und Ihre heilenden Gaben ein Segen für andere Menschen werden.

Frau Mond schenkt Geborgenheit, Fruchtbarkeit und Intuition

Mond in der Waage – VERLIEBT

Mondstärken Andere spüren können. Gern unter Leuten sein. Kontaktfreude. Sinn für Ästhetik, Kunst, Schönheit. Verbindend und ausgleichend sein. Gerechtigkeitsliebe
Mondschwächen Sich schlecht entscheiden können. Allein unsicher sein. Antriebsarmut. Überempfindlichkeit

In Ihrer gefühlsmäßigen Stimmung richten Sie sich stark nach der Zuneigung und Sympathie Ihrer Mitmenschen. Ihr großes Bedürfnis nach Harmonie und Ihr Widerwille gegen Streit und Konfrontation kann Sie allerdings dazu verleiten, bestehende Differenzen der äußeren Form zuliebe nicht wahrhaben zu wollen. Das Aushalten und Akzeptieren von derartigen Ecken und Kanten im Leben bringt Sie einer ganzheitlichen Lebenserfahrung näher. Menschen, die selber nicht so ausgeprägt beziehungsorientiert sind, fühlen sich von Ihnen oft angezogen. Nach außen hin wirken Sie stark. Kennt man Sie aber näher, entdeckt man eine sensible Seele, Kinderträume und eine starke Suche nach Harmonie. Sie sind für die hübsche Seite des Lebens geboren. Mit der täglichen Routine hingegen haben Sie Ihre liebe Not.

Ihre Liebesfähigkeit: Sie sind der hingebungsvollste, einfühlsamste, zarteste, bezauberndste Mensch. Trotzdem zweifeln Sie immer zuerst an sich selbst, wenn Disharmonie aufkommt, und geben sich die Schuld an einer gescheiterten Beziehung. Hier sollten Sie lernen, sich stärker abzugrenzen und ruhig etwas egoistischer zu denken.

Mond-Check
Wie weiblich macht mich mein Mond? Er macht Sie zärtlich, einfühlsam und weiblich, jedoch nicht zu weiblich.
Wie mütterlich macht mich mein Mond? Sie können sich Kindern gegenüber schlecht durchsetzen.
Wie gefühlvoll macht mich mein Mond? Sie mögen Stimmungen, haben aber Probleme mit starken Emotionen.
Wie intuitiv macht mich mein Mond? Sie sind sehr sensibel und ungeheuer phantasievoll.

Mond im Skorpion – LEIDENSCHAFTLICH

Mondstärken Hinterfragen und aufdecken.
Im Krisenfall stark werden. Verantwortung übernehmen.
Okkulte, hellseherische, magische Fähigkeiten.
Mit suggestiver Ausstrahlung andere beeindrucken
Mondschwächen Ungelöste Familienproblematiken.
Von der Mutter nicht loskommen. Subtile Herrschsucht

Im Umgang mit Ihren Mitmenschen legen Sie oft eine gewisse Heftigkeit und Unberechenbarkeit an den Tag. Es ist daher für viele nicht leicht, die Motive Ihrer Handlungen nachzuvollziehen. So schwanken manche zwischen Bewunderung und Ablehnung. Man spürt, daß man sich auf große Intensität und Gefühlstiefe einläßt, wenn man eine Beziehung mit Ihnen eingeht. So ist Ihr Lebensstil weniger von äußerlicher Bequemlichkeit geprägt als von Entschlossenheit und Konsequenz.

Ihre Liebesfähigkeit: Ihr Seelenleben quillt über an Emotionen. Höchste Ekstase, teuflische Eifersucht, schmachtendes Sehnen, unüberbietbarer Sex, kosmische Vereinigung – es ist nahezu alles dabei. Darüber hinaus reagieren Sie allergisch auf jede Spur von Routine. Ein Leben mit Ihnen bleibt immer aufregend, und zugleich hat man einen Menschen an seiner Seite, der erst in Krisen richtig stark wird. Eines sollten Ihre Weggefährten noch beherzigen: Sie verzeihen alles, aber vergessen nichts. Wer daher grob Absprachen bricht, erhält, was ein Skorpion nur im äußersten Notfall produziert: martialisches Gift.

Mond-Check

Wie weiblich macht mich mein Mond? Sie besitzen große weibliche Kräfte.

Wie mütterlich macht mich mein Mond? Sie sind eine gute Mutter – auch als Mann.

Wie gefühlvoll macht mich mein Mond? Extrem gefühlvoll und leidenschaftlich.

Wie intuitiv macht mich mein Mond? Sie sind offen für magische Schwingungen und haben manchmal Visionen.

Eine besondere Mondphase beim Mond im Skorpion: Neumond

Sie sind in der Neumondphase (zwei Tage vor bis zwei Tage nach Neumond) geboren. Sie sind damit ein besonderer Mensch. Denn in Ihnen ist eine große Sehnsucht nach inniger Nähe zu geliebten Menschen, die Sie in einer erfüllten Partnerschaft zu verwirklichen versuchen.

Füllest wieder Busch und Tal
Still mit Nebelglanz,
Lösest endlich auch einmal
Meine Seele ganz.

Johann Wolfgang von Goethe

Mond im Schützen – UNABHÄNGIG

Mondstärken Optimistisch, motivierend, begeisterungsfähig, vielseitig. Schauspielerische Begabung. Rhythmus- und Musikgefühl. Im Ausland leben können. Schriftstellerische Talente. Sportliche Fähigkeiten und Interessen
Mondschwächen Überzogene Führungsansprüche. Blauäugigkeit. Naivität

Aus einer meistens optimistischen und lebensbejahenden Grundstimmung heraus lassen Sie sich leicht begeistern und mitreißen. Sie haben hohe Ansprüche und Ideale an sich selbst, aber auch an diejenigen Menschen, die Sie umgeben. Dabei kann es Ihnen passieren, daß Sie leicht einmal ins Schwärmen kommen, den Kontakt mit der konkreten Wirklichkeit verlieren und in Schwierigkeiten geraten. Ihr grundsätzlicher Optimismus bewahrt Sie aber davor, in Problemen zu versinken. Zwischen Hoffnung und Erfüllung lebend, entwachsen Sie nie ganz dem kindlichen Land Phantasia und suchen in der Welt die Erfüllung Ihrer Träume. Am stärksten werden Sie, wenn es darum geht, andere zu überzeugen und mitzureißen.

Ihre Liebesfähigkeit: Zuallererst brauchen Sie einen Partner, der Ihre Unabhängigkeit bewundert und Sie nicht einengt. Zweitens darf Ihr Partner nicht narzißtisch sein, denn Sie sind schonungslos offen; er muß die Wahrheit schon ertragen können. Drittens braucht Ihr Partner geistige Größe (Sie haben Sie schließlich auch), denn für Sie ist Liebe viel mehr als eine Bettgeschichte, nämlich ein Zusammentreffen von Körper, Geist und Seele.

Mond-Check
Wie weiblich macht mich mein Mond? Auch als Frau stehen Sie leicht Ihren Mann.
Wie mütterlich macht mich mein Mond? Sie haben etwas gegen zuviel Mütterlichkeit.
Wie gefühlvoll macht mich mein Mond? Sie sind feurig, ekstatisch – aber nicht gerade gefühlvoll.
Wie intuitiv macht mich mein Mond? Sie verfügen über eine große Intuition und Seelenstärke.

Mond im Steinbock – SELBSTÄNDIG

Mondstärken Klares Gefühlsleben. Selbstbeherrschung und Pflichtbewußtsein. Streben nach Objektivität und Klarheit. Ernsthaftigkeit. Liebe zu Beruf und Karriere. Suche nach sozialer oder politischer Verantwortung
Mondschwächen Sich selbst zu negativ sehen. Abhängigkeit von beruflichem Erfolg. Gefühlskontrolle

Der erste Eindruck von Ihnen ist oft der eines kühlen Menschen. Aber unter dem Hauch von Frostigkeit wartet ein warmes, anschmiegsames Geschöpf. Ihre weiche Seele zeigen Sie jedoch nur denjenigen, die Ihren hohen Ansprüchen genügen. Ihr Leben nehmen Sie selbst in die Hand. Sie brauchen einen Beruf und keinen Job und sollten daher eine qualifizierte Ausbildung anstreben. Diese wird sich auszahlen, denn mit dem Mond im Steinbock haben Sie die richtigen Voraussetzungen für Erfolg und Karriere.

Ihre Liebesfähigkeit: Die Behauptung, Sie seien abweisend und kalt, stammt garantiert von Personen, die bei Ihnen nicht landen konnten. Sie jedenfalls suchen auch beim Thema Liebe das Besondere, möchten auch hier Gipfel erleben. Aber Sie haben Ihre Gefühle im Griff, stehen über ihnen und mögen es nicht, wenn Menschen sich von den Launen ihrer Gefühle abhängig machen. Große Taten vollbringen Sie selbst, an Ihrem Traumpartner reizt Sie das andere; Sie erwarten Seelentiefe und – ganz im Gegenteil zu sich selbst – ein fast kindliches Gemüt. Auch das Rätselhafte übt einen magnetischen Einfluß auf Sie aus.

Mond-Check
Wie weiblich macht mich mein Mond? Sie sind sehr weiblich, auch ohne es nach außen hin deutlich zu zeigen.
Wie mütterlich macht mich mein Mond? Auch Ihre Mütterlichkeit ist ausgeprägt. Aber Sie wollen ebenso Karriere machen.
Wie gefühlvoll macht mich mein Mond? Sie verdrängen unliebsame Gefühle, was diese nur noch stärker macht.
Wie intuitiv macht mich mein Mond? Sie haben Zugang zu Wahrträumen.

Mond im Wassermann – FREI

Mondstärken Sozial, human, aufgeschlossen. Ungebunden. Veränderungsliebe. Reisefreude. Erfindungsgabe. Intuitionskraft. Vorurteilslosigkeit. Reformwillen
Mondschwächen Zwanghaft antiautoritäres Denken und Handeln. Verwirrtheit

Wenn Sie wollen, beherrschen Sie die feinsten gesellschaftlichen Umgangsformen, aber Sie können auch gegen jede Regel verstoßen. Jedenfalls sind Sie stets für eine Überraschung gut und lassen sich nicht in Normen pressen. Sie wollen, ja, müssen anders sein als alle anderen. Eine kreative Tätigkeit entspricht Ihrer Veranlagung. Dagegen werden Sie mit dem Frust, den das Leben bringt, schlecht fertig. Allem Neuen gegenüber zeigen Sie sich enthusiastisch. Aber Ihr Interesse erlischt auch schnell wieder. Sie müssen daher lernen, am Ball zu bleiben.

Ihre Liebesfähigkeit: Ihr Liebesleben ist widersprüchlich. Auf der einen Seite spielen Sie mit dem Feuer, haben das Flirten für Ihr Leben gern und sind bereit, sich auch in eine aussichtslose Beziehung einzulassen, wenn diese nur genügend Aufregung verspricht. Auf der anderen Seite können Sie völlig ohne Sexualität auskommen. Das liegt daran, daß Sie mit dem Mond im Wassermann hohe und ausgesprochen idealistische Ansprüche an die Liebe stellen. Tief in Ihrer Seele empfinden Sie sich als Engel und streben nach einer geistigen, beinah überirdischen Liebe, bei der das Körperliche nur noch eine Nebenrolle spielt.

Mond-Check
Wie weiblich macht mich mein Mond? Der Wassermannmond hebt Sie beinahe über die Unterscheidung männlich–weiblich: Beide Seiten sind Ihnen sehr vertraut.
Wie mütterlich macht mich mein Mond? Sie sind der beste Gefährte und Freund aller Kinder, aber absolut kein Muttertyp.
Wie gefühlvoll macht mich mein Mond? Tiefen Gefühlen gegenüber sind Sie mißtrauisch.
Wie intuitiv macht mich mein Mond? Sie haben häufig Offenbarungsträume, in denen Sie Hinweise für Ihren Lebensweg erhalten.

Mond in den Fischen – MYSTERIÖS

Mondstärken Mediale Fähigkeiten. Heilerische Qualitäten. Kraft durch Glauben. Sensibilität beruflich nutzen können (zum Beispiel als Heilpraktiker). Liebe für andere, Liebe zur Schöpfung. Sich auf instinkthaftes Gespür verlassen können

Mondschwächen Wirre Phantasievorstellungen. Unsicherheit. Bindungslosigkeit

Sie sind vielschichtig und widersprüchlich: Sie können in einer Woge des Mitgefühls für die gesamte Schöpfung schwimmen, aber manchmal stehen Sie abgehoben und einsam über dem Rest der Welt. Sie verfügen über feinste Antennen, erahnen sogar die Gedanken anderer, und dann wieder stapfen Sie bereitwillig in jedes nur erdenkliche Fettnäpfchen. Ihre Intuition ist ungeheuer. Manche unter Ihnen ahnen in ihren Träumen zukünftige Ereignisse voraus. Auch als Heiler und Helfer vollbringen Sie beinahe Wunder. Wie mit einem sechsten Sinn behaftet, spüren Sie, was einem anderen fehlt. Sie müssen sich aber auch schützen, denn Sorgen und Probleme springen nur allzu leicht von anderen auf Sie selbst über.

Ihre Liebesfähigkeit: Es ist leicht, sich in Sie zu verlieben, denn Sie locken und verführen mit einem sphinxartig-unergründlichen Wesen. Jeder fühlt sich verstanden und erlöst von seiner Einsamkeit. Die Partnerschaft mit Ihnen ist jedoch eine ganz andere Sache. Wer sie eingeht, beherrscht früher oder später die Quadratur des Kreises. Sie sind nicht nur ein schillerndes und anmutiges, sondern auch ein äußerst widersprüchliches Geschöpf. Hält Ihr Partner dies aus, werden Sie ihm aber viel Glück, Freude und Segen bringen.

Mond-Check

Wie weiblich macht mich mein Mond? Sie sind äußerst weiblich, können diese Seite aber auch vollkommen verstecken und verdrängen.
Wie mütterlich macht mich mein Mond? Sie fühlen sich als Mutter der gesamten Schöpfung.
Wie gefühlvoll macht mich mein Mond? Sie sind ungeheuer gefühlvoll.
Wie intuitiv macht mich mein Mond? Unter allen Mondstellungen sind Sie am intuitivsten.

Das Merkurhoroskop – SCHLAU, KOMMUNIKATIV UND GÖTTLICH BERATEN SEIN

Der römische Gott Merkur entspricht ganz dem Hermes der griechischen Mythologie. Er war ein äußerst schillernder Gott, ausgestattet mit zahlreichen Eigenschaften und Funktionen. Respekt und Bewunderung erwarb er sich durch Klugheit und Raffinesse. So stahl er – gerade erst als Sohn des Jupiter und der Nymphe Maia geboren – dem Gott Apoll eine Rinderherde. Von diesem zur Rede gestellt, spielte er auf einem mit Fell und Saiten versehenen Schildkrötenpanzer derart gekonnt auf, daß Apolls Zorn verflog und er ihm die Rinder im Tausch gegen das Musikinstrument überließ. »Ganz nebenbei« hatte Merkur auf diese Weise die Lyra »erfunden«, jenes zauberhafte Instrument, mit dem später Orpheus Menschen wie Götter verzauberte.
Gott Merkur war also klug und listig – und genau diese Fähigkeit verleiht er auch uns Menschen. Er macht beredt, erfinderisch und verhilft einem auch mal zu einer guten Ausrede. Seiner listigen Eigenschaften wegen wurde er zum Gott der Kaufleute, Diebe und Bänkelsänger. Seine Fröhlichkeit machte ihn zum Schutzpatron all derjenigen, die auf heiteren Wegen wandeln. Und sein Diebstahl der Kühe ließ ihn selbstredend zum Gedeihen der Viehherden beitragen. Infolge seiner Lust am Reden und seines Talents, sich allemal in ein günstiges Licht zu setzen, wurde er der göttliche Freund all derer, die viel sprechen, schreiben und auf der Bühne stehen: Dichter, Sänger, Schauspieler, Politiker, Talkmaster, Ansager, Komiker, Artisten oder Musiker. Wie wir denken, reden, kommunizieren, uns darstellen und uns verkaufen, das alles verrät die Position Merkurs in unserem Horoskop. Er verkörpert unsere unbeschwerte Seite und den leichtesten Weg, den man gehen kann.
Aber Merkur hat noch mehr auf Lager: Bei den Griechen galt er als Diener Jupiters und als Götterbote, der zwischen dem Olymp, dem Wohnort der Unsterblichen, und den Menschen drunten auf der Erde vermittelte. Und er begleitete auch die Seelen der Verstorbenen in die Unterwelt. Er besaß geflügelte Sandalen und einen geflügelten Hut, damit er rasch hin und her eilen konnte. Ein weiteres Attribut war sein Heroldsstab, der Kerykeion, ein Zauberstab.

Hermes überbrachte also den Willen seines Vaters Zeus. So führte er zum Beispiel in dessen Auftrag Hera, Athene und Aphrodite zum Idagebirge, wo Paris den goldenen Apfel der – seiner Wahl nach – schönsten der Frauen überreichen sollte. Seine Entscheidung für Aphrodite, die ihm dafür Helena versprochen hatte, löste später bekanntlich den Trojanischen Krieg aus.
Tatsächlich fungiert Merkur auch in der Astrologie als eine Art »Empfangs- und Sendestation«. Wo er sich in unserem Horoskop befindet, sind uns die Götter besonders nah und übermitteln uns ihre Botschaften und Nachrichten. Umgekehrt können wir dort die Götter am ehesten erreichen.
Merkur ist der sonnennächste Planet. Er zieht seine Kreise um unser Zentralgestirn so eng, daß er sich nie mehr als ein Zeichen von der Sonne entfernen kann. Das führt auch dazu, daß Merkur in vielen Horoskopen die gleiche Tierkreiszeichenposition einnimmt wie die Sonne.

DIE ERMITTLUNG DES MERKURZEICHENS

Suchen Sie in der folgenden Merkurtabelle Ihren Geburtstag, und entnehmen Sie Ihre Merkurposition, die Sie auf den entsprechenden Text im anschließenden Kapitel über Ihr Merkurzeichen verweist. (Siehe auch die Vorbemerkung am Beginn von Teil II dieses Buches.)

Die Merkurtabelle

1920* 23.10.–29.10. Skorpion, 30.10.–10.11. Schütze, 11.11.–23.11. Skorpion, **1921** Skorpion, **1922** 23.10.–8.11. Waage, 9.11.–23.11. Skorpion, **1923** 23.10.–1.11. Waage, 2.11.–19.11. Skorpion, 20.11.–23.11. Schütze, **1924** 23.10. Waage, 24.10.–11.11. Skorpion, 12.11.–23.11. Schütze, **1925** 23.10.–5.11. Skorpion, 6.11.–23.11. Schütze, **1926** Schütze, **1927** Skorpion, **1928** 23.10.–24.10. Skorpion, 25.10.–10.11. Waage, 11.11.–23.11. Skorpion, **1929** 23.10.–5.11. Waage,

* Siehe auch die Anmerkung zur Mondtabelle.

6.11.–23.11. Skorpion, **1930** 23.10.–28.10. Waage, 29.10.–16.11. Skorpion, 17.11.–23.11. Schütze, **1931** 23.10.–9.11. Skorpion, 10.11.–23.11. Schütze, **1932** 23.10.–2.11. Skorpion, 3.11.–23.11. Schütze, **1933** 23.10.–29.10. Skorpion, 30.10.–16.11. Schütze, 17.11.–23.11. Skorpion, **1934** Skorpion, **1935** 23.10.–9.11. Waage, 10.11.–23.11. Skorpion, **1936** 23.10.–1.11. Waage, 2.11.–20.11. Skorpion, 21.11.–23.11. Schütze, **1937** 23.10.–25.10. Waage, 26.10.–13.11. Skorpion, 14.11.–23.11. Schütze, **1938** 23.10.–6.11. Skorpion, 7.11.–23.11. Schütze, **1939** 23.10.–31.10. Skorpion, 1.11.–23.11. Schütze, **1940** Skorpion, **1941** 23.10.–29.10. Skorpion, 30.10.–11.11. Waage, 12.11.–23.11. Skorpion, **1942** 23.10.–6.11. Waage, 7.11.–24.11. Skorpion, **1943** 23.10.–30.10. Waage, 31.10.–17.11. Skorpion, 18.11.–23.11. Schütze, **1944** 23.10.–9.11. Skorpion, 10.11.–23.11. Schütze, **1945** 23.10.–3.11. Skorpion, 4.11.–23.11. Schütze, **1946** 23.10.–29.10. Skorpion, 30.10.–20.11. Schütze, 21.11.–23.11. Skorpion, **1947** Skorpion, **1948** 23.10.–9.11. Waage, 10.11.–23.11. Skorpion, **1949** 23.10.–3.11. Waage, 4.11.–21.11. Skorpion, 22.11.–23.11. Schütze, **1950** 23.10.–26.10. Waage, 27.10.–14.11. Skorpion, 15.11.–23.11. Schütze, **1951** 23.10.–7.11. Skorpion, 8.11.–23.11. Schütze, **1952** 23.10.–31.10. Skorpion, 1.11.–23.11. Schütze, **1953** 23.10.–30.10. Skorpion, 31.10.–6.11. Schütze, 7.11.–23.11. Skorpion, **1954** 23.10.–4.11. Skorpion, 5.11.–10.11. Waage, 11.11.–23.11. Schütze, **1955** 23.10.–7.11. Waage, 8.11.–23.11. Skorpion, **1956** 23.10.–30.10. Waage, 31.10.–18.11. Skorpion, 19.11.–23.11. Schütze, **1957** 23.10. Waage, 24.10.–11.11. Skorpion, 12.11.–23.11. Schütze, **1958** 23.10.–4.11. Skorpion, 5.11.–23.11. Schütze, **1959** 23.10.–30.10. Skorpion, 31.10.–23.11. Schütze, **1960** Skorpion, **1961** 23.10.–10.11. Waage, 11.11.–23.11. Skorpion, **1962** 23.10.–4.11. Waage, 5.11.–23.11. Skorpion, **1963** 23.10.–28.10. Waage, 29.10.–15.11. Skorpion, 16.11.–23.11. Schütze, **1964** 23.10.–7.11. Skorpion, 8.11.–23.11. Schütze, **1965** 23.10.–1.11. Skorpion, 2.11.–23.11. Schütze, **1966** 23.10.–29.10. Skorpion, 30.10.–13.11. Schütze, 14.11.–23.11. Skorpion, **1967** Skorpion, **1968** 23.10.–7.11. Waage, 8.11.–23.11. Skorpion, **1969** 23.10.–1.11. Waage, 2.11.–19.11. Skorpion, 20.11.–23.11. Schütze, **1970** 23.10.–24.10. Waage, 25.10.–12.11. Skorpion, 13.11.–23.11. Schütze, **1971** 23.10.–5.11. Skorpion, 6.11.–23.11.

Schütze, **1972** 23.10.–30.10. Skorpion, 31.10.–23.11. Schütze, **1973** Skorpion, **1974** 23.10.–26.10. Skorpion, 27.10.–10.11. Waage, 11.11.–23.11. Skorpion, **1975** 23.10.–5.11. Waage, 6.11.–23.11. Skorpion, **1976** 23.10.–28.10. Waage, 29.10.–16.11. Skorpion, 17.11.–23.11. Schütze, **1977** 23.10.–9.11. Skorpion, 10.11.–23.11. Schütze, **1978** 23.10.–2.11. Skorpion, 3.11.–23.11. Schütze, **1979** 23.10.–29.10. Skorpion, 30.10.–18.11. Schütze, 19.11.–23.11. Skorpion, **1980** Skorpion, **1981** 23.10.–8.11. Waage, 9.11.–23.11. Skorpion, **1982** 23.10.–2.11. Waage, 3.11.–21.11. Skorpion, 22.11.–23.11. Schütze, **1983** 23.10.–26.10. Waage, 27.10.–13.11. Skorpion, 14.11.–23.11. Schütze, **1984** 23.10.–5.11. Skorpion, 6.11.–23.11. Schütze, **1985** 23.10.–31.10. Skorpion, 1.11.–23.11. Schütze, **1986** Skorpion, **1987** 23.10.–1.11. Skorpion, 2.11.–11.11. Waage, 12.11.–23.11. Skorpion, **1988** 23.10.–6.11. Waage, 7.11.–23.11. Skorpion, **1989** 23.10.–30.10. Waage, 31.10.–17.11. Skorpion, 18.11.–23.11. Schütze, **1990** 23.10.–10.11. Skorpion, 11.11.–23.11. Schütze, **1991** 23.10.–3.11. Skorpion, 4.11.–23.11. Schütze, **1992** 23.10.–28.10. Skorpion, 29.10.–20.11. Schütze, 21.11.–23.11. Skorpion, **1993** Skorpion, **1994** 23.10.–9.11. Waage, 10.11.–23.11. Skorpion, **1995** 23.10.–3.11. Waage, 4.11.–21.11. Skorpion, 22.11.–23.11. Schütze, **1996** 23.10.–26.10. Waage, 27.10.–13.11. Skorpion, 14.11.–23.11. Schütze, **1997** 23.10.–6.11. Skorpion, 7.11.–23.11. Schütze, **1998** 23.10.–31.10. Skorpion, 1.11.–23.11. Schütze, **1999** 23.10.–29.10. Skorpion, 30.10.–8.11. Schütze, 9.11.–23.11. Skorpion, **2000** 23.9.–6.11. Skorpion, 7.11. Waage, 8.11.–23.11. Skorpion, **2001** 23.10.–6.11. Waage, 7.11.–23.11. Skorpion, **2002** 23.10.–31.10. Waage, 1.11.–18.11. Skorpion, 19.11.–23.11. Schütze, **2003** 23.10. Waage, 24.10.–11.11. Skorpion, 12.11.–23.11. Schütze

Merkur in der Waage – AUSGLEICHENDES DENKEN

Merkurstärken Verbindendes und verbindliches, logisches und abstraktes Denken, einfühlsam sein
Merkurschwächen Unentschieden und wankelmütig sein

Merkur in der Waage verhilft Ihnen zu einem sehr du-orientierten Denken. Sie versetzen sich bei jeder Unterhaltung in Ihr Gegenüber und versuchen, die Welt auch aus seiner Sicht zu betrachten. Das ist eine Stärke für jedes persönliche Gespräch; in der Begegnung mit Ihnen entsteht nie das Gefühl, zu kurz zu kommen, nicht verstanden zu werden.
Zum Nachteil gerät es, daß es Ihnen schwerfällt, eine eigene Meinung zu vertreten. Sie versuchen daher, Ihr Denken auf ein logisches Fundament zu stellen: Sie wägen ab, vergleichen, hören die Argumente anderer, ziehen Schlüsse usw. Diese ständige »Kopfarbeit« ist anstrengend. Zuweilen müssen Sie daher »abschalten«, den Kopf leer machen. Das gelingt Ihnen (mit viel Geduld und Zeit) am ehesten durch Meditation oder Yoga.
Die größten Probleme haben Sie mit Menschen, die sich auf gemachte Erfahrungen berufen. Jemand, der argumentiert: »Das ist doch schon immer so gewesen ...!«, treibt Sie an die Decke. Auch wenn sich Denken und Fühlen vermischen, regt sich Ihr Widerstand. Aber genau diese Arten zu argumentieren müssen Sie wohlwollend annehmen, wenn Sie nicht einseitig werden wollen. Mit einem anderen Menschen – egal, mit wem – ein Gespräch zu führen fällt Ihnen leicht. Ihre große Gabe ist es, (fast) jeden zu verstehen, den Sie näher kennen.

Merkur-Check
Wie leicht fällt es mir, Kontakt zu schließen? Ich weiß genau, wann der richtige Moment ist, auf jemanden zuzugehen.
Was bringt mich »den Göttern« näher? Mich mit jemandem verstehen, mit jemanden im Einklang sein, lieben und geliebt werden.

Merkur im Skorpion – TIEFES DENKEN

Merkurstärken Hinterfragendes, bohrendes Denken, den Dingen auf den Grund gehen
Merkurschwächen Subjektiv verfälschtes Denken

Ähnlich wie der Krebs denken Sie »mit dem Bauch«. Ihre Gefühle gehen in Ihr Denken ein und färben es subjektiv. Ihre Schlußfolgerungen und Einfälle hängen stark davon ab, wie Sie gerade »drauf sind«. Damit wecken Sie bei anderen Menschen, vor allem dem männlichen Geschlecht, Widerspruch und Ablehnung. Man bemängelt, daß Sie nicht rational argumentieren. Aber aus der ganzheitlichen Sicht gesehen ist Ihre Art völlig in Ordnung. Denn Gefühle sind ja nichts »Verkehrtes«, in ihnen kommt das Leben selbst zu Wort. Und genau das ist Ihre Stärke mit Merkur im Skorpion: den Puls des Lebens aufzuspüren.

Sie wollen den Dingen auf den Grund kommen und legen gern »den Finger in die Wunde«. Sie können wahnsinnig hartnäckig sein, wenn Sie nur den leisesten Verdacht haben, daß etwas nicht stimmt, daß etwas versteckt oder verheimlicht wird. Zuweilen schießen Sie auch übers Ziel hinaus und vermuten »Gespenster«. Aber das ist noch lange kein Grund, an Ihrer Art des Denkens und Argumentierens zu zweifeln oder sich von anderen verunsichern zu lassen.

Ebenso tief sind Ihre menschlichen Beziehungen. Nach dem Motto »Alles oder nichts« gehen Sie oberflächlichen Kontakten aus dem Weg, haben daher auch entsprechende Vorbehalte gegen »Small talk« bzw. belangloses Partygeplauder.

Merkur-Check

Wie leicht fällt es mir, Kontakt zu schließen? Ich versuche, oberflächliche Kontakte zu vermeiden, und wünsche mir einen tiefen Austausch mit anderen.

Was bringt mich »den Göttern« näher? Mich mit jemanden tief austauschen, verstanden werden, leben, wie es für mich stimmt.

Merkur im Schützen – INSPIRIERTES DENKEN

Merkurstärken	Optimistisches Denken, die Gabe der Inspiration
Merkurschwächen	Flüchtigkeit, die Realität in einem zu rosigen Licht sehen, die eigenen Schwächen nicht sehen

Ihr Denken ist nicht logisch und auch nicht unbedingt von Erfahrungen geprägt. Merkur im Schützen verhilft Ihnen zu Ideen und Inspirationen, die Ihnen scheinbar in den Schoß fallen, so als fielen sie vom Himmel. Wenn Sie beginnen, Ihre Argumente zu begründen, geraten Sie in Schwierigkeiten. Und eigentlich braucht man bei Eingebungen auch nichts zu begründen. Es ist eine in sich stimmige Art, die Welt zu erfahren und zu verarbeiten. Sie können sich sogar so stark mit Ihrer geheimnisvollen Quelle der Inspiration verbinden, daß Sie die Herzen anderer Menschen berühren und öffnen. Merkur im Schützen macht Sie zu einer Art »Menschenflüsterer«.

Diese Gabe benötigt viel Umsicht. Sie bewegen sich ja im Raum des Geistes, der Ideen und des Glaubens. Dabei verliert man schnell den realen Boden unter den Füßen, wird naiv oder überheblich. Sie sollten wissen, daß Merkur im Schützen einen dazu verleitet, die eigenen Ideen als der Weisheit letzten Schluß zu betrachten – egal, wie platt sie auch sein mögen. Sie brauchen daher Selbstkritik und Bescheidenheit, müssen immer wieder innehalten und sich in Frage stellen. Lassen Sie sich aber auf keinen Fall Ihre Gabe der Inspiration ausreden, und zweifeln Sie vor allem nicht selbst daran!

Ihre Kontakte sind ebenfalls stürmisch. Sie können andere Menschen mitreißen und von einer Sache überzeugen. Doch auch diese Gabe hat ihre Gefahren, nämlich daß Sie anderen etwas aufzwingen oder sie verführen.

Merkur-Check

Wie leicht fällt es mir, Kontakt zu schließen? Ich besitze die Fähigkeit, andere mitzureißen.

Was bringt mich »den Göttern« näher? Diskutieren, die Wahrheit erörtern und ihr näherkommen, inspiriert sein von einer neuen Idee.

Das Venushoroskop – IHRE LIEBESFÄHIGKEIT

Venuszeichen

Kurz nach Sonnenuntergang – der Westen badet sich noch in goldenem Rot, im Osten kündet ein stahlblauer Himmel die heraufziehende Nacht an – kann man sie sehen, die Venus. Sie ist so hell, daß man sie manchmal mit den Lichtern eines Flugzeugs verwechselt. Und in Gegenden, die nicht künstlich erleuchtet sind, überkommt den Betrachter bei ihrem Anblick fast das Gefühl einer außerirdischen Begegnung. Der Tag geht zur Ruhe, Venus läutet den Feierabend ein, jene Zeit, die weder der Arbeit noch dem Schlaf gehört, vielmehr der Muße – und der Liebe.
Aber Venus verzaubert nicht nur den Abend, sondern auch den Morgen. Denn die Hälfte des Jahres läuft sie, wie wir es von der Erde aus

sehen, der Sonne nach, sie steht dann als Venus des Abends nach Sonnenuntergang noch einige Zeit am Abendhimmel. Die andere Hälfte jedoch läuft sie der Sonne voraus und steigt als Venus des Morgens vor der Sonne über den östlichen Horizont als strahlende Botin des neuen Tages.
Venus oder die griechische Entsprechung Aphrodite trug den Namen »Schaumgeborene«: Dem Mythos nach hat Kronos (Saturnus), der Vater des Zeus, das Zeugungsglied seines Vaters Uranos ins Meer geworfen. Aus dem Schaum, der sich dabei bildete, ist die Göttin der Schönheit entstanden (griechisch *aphrós* = »Schaum«).
Sie galt als die fruchtbare Göttin des blühenden Frühlings und der überströmenden Frühlingslust. Sie war die Beschützerin der Gärten, Blumen und Lusthaine. Ihre Lieblingsgewächse waren Myrten, Rosen und Lilien, ihre Frucht der Apfel, ihre bevorzugten Tiere waren Widder, Böcke, Hasen, Tauben und die bunten Schmetterlinge. Vor allem aber war Venus/Aphrodite eine Frau, deren unvergleichliche Schönheit die Männer betörte. Man fand schier kein Ende, all ihre Reize aufzuzählen: göttlicher Wuchs, strahlende Augen, verlockender Blick, rosenknospiger Mund, zierliche Ohren, reizender Busen und, und, und ...
Im Vergleich dazu sah ihr häßlicher, hinkender Ehemann Hephaistos, der Gott des Erdfeuers und Schutzgott der Schmiedekunst, ziemlich alt aus, wie man heute sagen würde. Sie nutzte denn auch jede Gelegenheit zu einem Seitensprung. Der bekannteste (und folgenreichste) war wohl jener mit Mars, dem Amor, der spitzbübische Junge mit den heimtückischen Liebespfeilen, sein Leben verdankte.
Die schöne Venus bekam ein würdiges Denkmal am Himmel; der hellste Stern wurde nach ihr benannt. Je nach Position kündet er als Abendstern den Feierabend, vor Sonnenaufgang die nahende Morgenröte an.
»Venus« ist in der Symbolsprache ein anderes Wort für »Liebe, Lust, Zärtlichkeit, Leidenschaft, Zweisamkeit, Anziehung, Nähe, Knistern, Flirten, Sehnsucht, Verschmelzung, Sinnlichkeit« und dergleichen mehr. Aber jede Venusposition in den Tierkreiszeichen gibt all diesen Facetten der Liebe eine andere Färbung, ein bestimmtes Gewicht, einen individuellen Glanz. Da müssen Sie Ihre persönliche Venus einfach näher kennenlernen!

DIE ERMITTLUNG DES VENUSZEICHENS

In der Venustabelle finden Sie ganz einfach Ihre Venusposition, indem Sie Ihren Geburtstag suchen. Dahinter ist das Tierkreiszeichen vermerkt, in dem Ihre Venus steht. Dann brauchen Sie nur noch den entsprechenden Abschnitt im anschließenden Text nachzulesen. (Siehe auch die Vorbemerkung am Beginn von Teil II dieses Buches.)

Die Venustabelle

1920* 23.10. Skorpion, 24.10.–17.11. Schütze, 18.11.–23.11. Steinbock, **1921** 23.10.–13.11. Waage, 14.11.–23.11. Skorpion, **1922** Schütze, **1923** 23.10.–7.11. Skorpion, 8.11.–23.11. Schütze, **1924** 23.10.–2.11. Jungfrau, 3.11.–23.11. Waage, **1925** 23.10.–6.11. Schütze, 7.11.–23.11. Steinbock, **1926** 23.10.–29.10. Waage, 30.10.–22.11. Skorpion, 23.11. Schütze, **1927** 23.10.–9.11. Jungfrau, 10.11.–23.11. Waage, **1928** 23.10. Skorpion, 24.10.–16.11. Schütze, 17.11.–23.11. Steinbock, **1929** 23.10.–12.11. Waage, 13.11.–23.11. Skorpion, **1930** 23.10.–22.11. Schütze, 23.11. Skorpion, **1931** 23.10.–7.11. Skorpion, 8.11.–23.11. Schütze, **1932** 23.10.–1.11. Jungfrau, 2.11.–23.11. Waage, **1933** 23.10.–6.11. Schütze, 7.11.–23.11. Steinbock, **1934** 23.10.–28.10. Waage, 29.10.–21.11. Skorpion, 22.11.–23.11. Schütze, **1935** 23.10.–9.11. Jungfrau, 10.11.–23.11. Waage, **1936** 23.10.–16.11. Schütze, 17.11.–23.11. Steinbock, **1937** 23.10.–12.11. Waage, 13.11.–23.11. Skorpion, **1938** 23.10.–15.11. Schütze, 16.11.–23.11. Skorpion, **1939** 23.10.–6.11. Skorpion, 7.11.–23.11. Schütze, **1940** 23.10.–1.11. Jungfrau, 2.11.–23.11. Waage, **1941** 23.10.–6.11. Schütze, 7.11.–23.11. Steinbock, **1942** 23.10.–28.10. Waage, 29.10.–21.11. Skorpion, 22.11.–23.11. Schütze, **1943** 23.10.–9.11. Jungfrau, 10.11.–23.11. Waage, **1944** 23.10.–15.11. Schütze, 16.11.–23.11. Steinbock, **1945** 23.10.–11.11. Waage, 12.11.–23.11. Skorpion, **1946** 23.10.–7.11. Schütze, 8.11.–23.11. Skorpion, **1947** 23.10.–6.11. Skorpion, 7.11.–23.11. Schütze, **1948** 23.10.–31.10. Jungfrau, 1.11.–23.11. Waage, **1949** 23.10.–5.11. Schütze, 6.11.–23.11. Steinbock, **1950** 23.10.–27.10. Waage, 28.10.–20.11. Skorpion, 21.11.–23.11. Schütze, **1951** 23.10.–9.11. Jungfrau, 10.11.–23.11. Waage, **1952** 23.10.–15.11. Schütze, 16.11.–23.11. Steinbock, **1953** 23.10.–11.11. Waage, 12.11.–23.11. Skorpion, **1954** 23.10.

* Siehe auch die Anmerkung zur Mondtabelle.

Skorpion, 24.10.–26.10. Schütze, 27.10.–23.11. Skorpion, **1955** 23.10.–5.11. Skorpion, 6.11.–23.11. Schütze, **1956** 23.10.–31.10. Jungfrau, 1.11–23.11. Waage, **1957** 23.10.–5.11. Schütze, 6.11.–23.11. Steinbock, **1958** 23.10.–27.10. Waage, 28.10.–20.11. Skorpion, 21.11.–23.11. Schütze, **1959** 23.10.–9.11. Jungfrau, 10.11.–23.11. Waage, **1960** 23.10.–14.11. Schütze, 15.11.–23.11. Steinbock, **1961** 23.10.–10.11. Waage, 11.11.–23.11. Skorpion, **1962** Skorpion, **1963** 23.10.–5.11. Skorpion, 6.11.–23.11. Schütze, **1964** 23.10.–30.10. Jungfrau, 31.10.–23.11. Waage, **1965** 23.10.–5.11. Schütze, 6.11.–23.11. Steinbock, **1966** 23.10.–26.10. Waage, 27.10.–19.11. Skorpion, 20.11.–23.11. Schütze, **1967** 23.10.–9.11. Jungfrau, 10.11.–23.11. Waage, **1968** 23.10.–14.11. Schütze, 15.11.–23.11. Steinbock, **1969** 23.10.–10.11. Waage, 11.11.–23.11. Skorpion, **1970** Skorpion, **1971** 23.10.–4.11. Skorpion, 5.11.–23.11. Schütze, **1972** 23.10.–30.10. Jungfrau, 31.10.–23.11. Waage, 1973 23.10.–5.11. Schütze, 6.11.–23.11. Steinbock, **1974** 23.10.–26.10. Waage, 27.10.–19.11. Skorpion, 20.11.–23.11. Schütze, **1975** 23.10.–8.11. Jungfrau, 9.11.–23.11. Waage, **1976** 23.10.–13.11. Schütze, 14.11.–23.11. Steinbock, **1977** 23.10.–9.11. Waage, 10.11.–23.11. Skorpion, **1978** Skorpion, **1979** 23.10.–4.11. Skorpion, 5.11.–23.11. Schütze, **1980** 23.10.–30.10. Jungfrau, 31.10.–23.11. Waage, **1981** 23.10.–5.11. Schütze, 6.11.–23.11. Steinbock, **1982** 23.10.–25.10. Waage, 26.10.–18.11. Skorpion, 19.11.–23.11. Schütze, **1983** 23.10.–10.11. Jungfrau, 11.11.–23.11. Waage, **1984** 23.10.–13.11. Schütze, 14.11.–23.11. Steinbock, **1985** 23.10.–9.11. Waage, 10.11.–23.11. Skorpion, **1986** Skorpion, **1987** 23.10.–3.11. Skorpion, 4.11.–23.11. Schütze, **1988** 23.10.–29.10. Jungfrau, 30.10.–22.11. Waage, 23.11. Skorpion, **1989** 23.10.–4.11. Schütze, 5.11.–23.11. Steinbock, **1990** 23.10.–24.10. Waage, 25.10.–17.11. Skorpion, 18.11.–23.11. Schütze, **1991** 23.10.–8.11. Jungfrau, 9.11.–23.11. Waage, **1992** 23.10.–13.11. Schütze, 14.11.–23.11. Steinbock, **1993** 23.10.–8.11. Waage, 9.11.–23.11. Skorpion, **1994** Skorpion, **1995** 23.10.–2.11. Skorpion, 3.11.–23.11. Schütze, **1996** 23.10.–29.10. Jungfrau, 30.10.–22.11. Waage, 23.11. Skorpion, **1997** 23.10.–4.11. Schütze, 5.11.–23.11. Steinbock, **1998** 23.10.–24.10. Waage, 25.10.–17.11. Skorpion, 18.11.–23.11. Schütze, **1999** 23.10.–8.11. Jungfrau, 9.11.–23.11. Waage, **2000** 23.10.–12.11. Schütze, 13.11.–23.11. Steinbock, **2001** 23.10.–8.11. Waage, 9.11.–23.11. Skorpion, **2002** Skorpion, **2003** 23.10.–2.11. Skorpion, 3.11.–23.11. Schütze

Venus in der Jungfrau – REINE LIEBE

Venusstärken Aufmerksam, unschuldig, rein
Venusschwächen Kühl

Zur Sexualität haben Sie ein recht gespaltenes Verhältnis, keine Frage. Einerseits wollen Sie Sex, sind sogar richtig süchtig danach, träumen womöglich von einem »Erotikclub«, Liebe und einem Orgasmus, der den Himmel erzittern läßt. Andererseits finden Sie Sex aber auch »dumm«, tierisch, primitiv, unter Ihrer Würde, und vor allem hat er rein gar nichts mit vollkommener Liebe zu tun.
Was jetzt? Ein bißchen schizophren? Keineswegs! Sie betrachten Sex lediglich aus sämtlichen Perspektiven. Und irgendwann verstehen Sie, daß er nichts anderes ist als reinste Energie. Dann sind Sie auch bereit, Ihre Sexualität zu sublimieren und in ein kosmisches Erlebnis zu transformieren. Bis Sie selbst ein »Heiliger« bzw. eine »Heilige« sind, müssen Sie's ausprobieren, alles, was es gibt ... Aber nicht vergessen! Sex ist nur eine Vorstufe, ein Übergang; dahinter kommt mehr, eine höhere Bestimmung und Erfüllung. Bleiben Sie auf dem laufenden!

Venus-Check
Kann meine Venus gut allein sein? Es geht, wenn es sein muß. Aber schön ist es nicht.
Sucht meine Venus Sicherheit? O ja, ohne Liebe ist sie ziemlich verloren.
Besteht meine Venus auf Treue? Natürlich, aber sie hält sich nicht daran.
Ist meine Venus eifersüchtig? Ist sie, sie leidet Dramen.
Findet meine Venus leicht Partner? Sie ist schüchtern und hat sich schon oft die Finger verbrannt.

Venus in der Waage – KUNSTVOLLE LIEBE

Venusstärken Charmant, stilvoll, einfühlsam
Venusschwächen Unklar

Erinnern Sie sich noch daran, als Sie ein kleines Mädchen bzw. ein kleiner Junge waren? Sie saßen bei Papa auf dem Schoß und himmelten ihn an. Oder Sie tapsten so süß lächelnd zu Ihrer Tante, daß sie Ihnen jeden Wunsch erfüllte. Seitdem hat sich nichts Wesentliches verändert. Sie haben vielleicht die Kunst, sich mit allen Tricks und Raffinessen ins beste Licht zu setzen, perfektioniert und beherrschen sie heute aus dem Effeff. Aber Sie möchten vor allem immer noch, wie damals als Drei- oder Vierjährige(r), daß die Menschen gut und friedlich miteinander umgehen – und erst recht dann, wenn sie sich lieben.
Natürlich gibt es auch Venus-in-der-Waage-Menschen, die ihre Berufung zum Liebeskünstler verloren haben. Sie wuchsen in zerrütteten Familien auf oder wurden falsch erzogen, eventuell sogar mißhandelt. Aber selbst die tiefsten Wunden können durch die Kraft der Liebe, die ihnen bereits in die Wiege gelegt wurde, geheilt werden.
Probieren Sie es noch einmal, und lernen Sie, sich besser zu schützen – nicht auf die grobe, tölpelhafte, stillose Art, sondern »schön verpackt«, sozusagen »mit rosaroter Schleife« ...!

Venus-Check

Kann meine Venus allein sein? Dafür ist sie nicht geboren.
Sucht meine Venus Sicherheit? Ja, aber sie gibt sie auch.
Besteht meine Venus auf Treue? Einerseits ja, andererseits weiß sie ja selbst, wie schön die Liebe ist.
Ist meine Venus eifersüchtig? Weniger eifersüchtig als enttäuscht.
Findet meine Venus leicht Partner? Das ist überhaupt kein Problem; alle Welt liebt sie.

Venus im Skorpion – TOTALE LIEBE

Venusstärken Leidenschaftlich, hingebungsvoll
Venusschwächen Eifersüchtig

Würde man Ihnen sagen, daß Sie Ihr ganzes Leben mit einem/einer »stinknormalen« Liebhaber(in) verbringen müßten, glauben Sie wahrscheinlich, Sie könnten sich auch gleich erschießen oder ins Kloster gehen ... Keine Dramen? Keine Eifersucht? Keine blutigen Schrammen? Liebe ist doch kein Spaziergang, bei dem sich zwei Menschen an den Händchen halten und freundlich anlächeln! Eine Herausforderung ist das, ein Tanz auf dem Vulkan – alles oder nichts! Ihre Venus hat sich doch nicht »zufällig« die spannendste Ecke im astrologischen Tierkreis ausgesucht. »Skorpion«, das ist ein anderes Wort für »Finsternis«, für »Unterwelt«, für »Hölle«.
Aber das Prinzip Skorpion bedeutet auch Transformation. Wer hinuntertaucht in die tiefste Lust und Leidenschaft, wer den Mythos völliger Hingabe nachvollzieht, der geht nicht unter, sondern steigt strahlend, leicht und selbstbewußt wieder auf: am anderen Ende des Tunnels ist Licht – und das wissen Sie auch!

Venus-Check
Kann meine Venus gut allein sein? Es geht, aber sie leidet.
Sucht meine Venus Sicherheit? Nein, sondern Leidenschaft, Gefühl, Tiefe.
Besteht meine Venus auf Treue? Natürlich, bis in den Tod ...
Ist meine Venus eifersüchtig? Ja, abgrundtief!
Findet meine Venus leicht Partner? Nein, weil sie wenige akzeptiert.

Venus ist ein anderes Wort für Liebe, Lust, Sex und Zärtlichkeit

Venus im Schützen – FLAMMENDE LIEBE

Venusstärken Unabhängig, feurig, wahrhaftig
Venusschwächen Treulos

Das astrologische Zeichen Schütze repräsentiert keine ruhmreichen Krieger, auch keine kosmischen Sportsmänner oder -frauen, sondern Fabelwesen mit Pferdeleib und menschlichem Oberkörper. Im griechischen Mythos trugen sie den Namen »Kentauren«. Mensch und Tier in dieser Kombination sind natürlich Metaphern für (menschlichen) Geist, Verstand, Einsicht und Weisheit einerseits und (tierische) Lust, Sex, Gier und Triebhaftigkeit andererseits.
Genau zwischen diesen beiden Polen spielt sich Ihr Liebesleben ab: »Die Schöne und das Biest ...« Erkennen Sie sich darin wieder? Sie sind die/der schöne, sanfte Geliebte, die/der ein fremdes Wesen nach Hause schleppt, es pflegt und zähmt und wärmt und ihm die Wunden leckt ... Und das Spiel funktioniert genausogut auch andersherum: Dann sind Sie das wilde Tier, die pure Gier, und Ihr Partner »ist im Kopf«, vielleicht ein bißchen weise, in jedem Fall aber meilenweit entfernt von seiner eigenen Lust – die Sie ihm jedoch wieder schenken wollen. Werden beide Seiten wie Himmel und Hölle unversöhnt auf ewig miteinander ringen? Wer weiß! Sicher ist, daß Venus-im-Schütze-Menschen oft solo leben, sehr selbstbewußt sind und von lustvollsten Erfahrungen mit den unterschiedlichsten Partnern erzählen können. Beweist das nicht, daß das Spiel zwischen Himmel und Hölle viel spannender sein kann als der brave Mittelweg ...?

Venus-Check

Kann meine Venus gut allein sein? Kein Problem; sie findet immer Begleitung.
Sucht meine Venus Sicherheit? Keinesfalls, sondern Abenteuer.
Besteht meine Venus auf Treue? Nein, aber unbedingt auf Fairneß.
Ist meine Venus eifersüchtig? Da muß man durch.
Findet meine Venus leicht Partner? Ja, und zwar rund um den Globus.

Venus im Steinbock – BEHERRSCHTE LIEBE

Venusstärken Entwicklungsfähig, tief, erdig
Venusschwächen Gefühlskalt

Partner, die beim Liebesakt wie Hirsche röhren, ohne ihren Geliebten nicht einschlafen können und nur aus Angst vor dem Alleinsein in einer Beziehung bleiben – dies alles ist nicht Ihr Bier! Sie nehmen die Liebe selbst in die Hand, Sie bestimmen, wie es läuft, und haben Ihre Gefühle im Griff. Sie können auch allein – wissen aber sehr wohl, wie man sich eine(n) Liebhaber(in) besorgt.
Richtig, das klingt nicht gerade romantisch und läßt bei anderen schnell den roten Knopf suchen, der den Fluchtmotor anwirft. Aber was soll's, so sind Sie halt! Es macht überhaupt keinen Sinn, sich hinter einem charmanten, zuvorkommenden Outfit zu verstecken. Früher oder später setzen Sie Ihrem Lover doch den Zeigefinger auf die Brust und sagen: »Zur Sache, Schätzchen!«
Ein bißchen cool sind Sie auch. Steinbock ist ein Winterzeichen. Ihrer Venus wird es dort schnell kalt, was bei ihr zu der folgenschweren Entscheidung führt, sich ganz warm anzuziehen ... Damit kommt man aber schwer an Sie heran. Das müssen Sie verstehen! Irgendwann in Ihrem Leben war es eiskalt. Vielleicht wurde Ihre Liebe sogar schon als Kind mißbraucht. Sich zu schützen war lebenswichtig ...! Aber nichts bleibt immer so, wie es ist. Selbst nach dem kältesten Winter folgt der Frühling.

Venus-Check

Kann meine Venus gut allein sein? Ja, das ist sogar eine Stärke von ihr.
Sucht meine Venus Sicherheit? Nein, sie ist selber sicher.
Besteht meine Venus auf Treue? Ja, und zwar absolut. Untreue löst den Rachereflex aus.
Ist meine Venus eifersüchtig? Nein, nicht besonders.
Findet meine Venus leicht Partner? Nein, weil sie sehr anspruchsvoll ist.

Das Marshoroskop –
POTENT, AKTIV, ERFOLGREICH UND MÄNNLICH SEIN

Rötlich funkelnd wie Feuer oder Blut, so präsentiert sich nur ein Gestirn am nächtlichen Himmel: der Planet Mars. Abhängig von seiner Nähe zur Erde verändert sich obendrein die Intensität. Menschen früherer Zeiten erschauerten daher, wenn sein Rot zunahm. Sie sprachen von einem zornigen Auge am Himmel und betrachteten es als böses Omen.

In klassischer Zeit galt Mars als Kriegsgott und Beschützer im Kampf: »Beschütze uns, Mars, und schlage dafür den Feind mit Feigheit und Schwäche«, soll der römische Kaiser Titus Flavius vor seinen Schlachten gerufen haben.

Hinter Mars stecken allerdings nicht nur bedrohliche Eigenschaften: So schickt er zum Beispiel zündende Ideen, verleiht Startkraft und schenkt Courage. Mars sorgt für den richtigen Biß, um sich behaupten und Rivalen überwinden zu können. Er verleiht die für Konkurrenzgerangel unerläßlichen »spitzen Ellenbogen« und programmiert auf Sieg. Er verkörpert das Urmännliche, den heldenhaften, schönen Jüngling genauso wie einen sexbesessenen Macho. Mars steht auch einfach für Sex, Potenz und Triebkraft. In ganz besonderer Weise verrät die Marsposition die Art und Weise des Eroberungsspiels: Ob man direkt auf jemanden zugeht, abwartet oder gar zum Rückzug bläst – es ist Mars, der die Fäden zieht.

Er ist ein absolut männlicher Planet, vielleicht der männlichste überhaupt. Frauen besitzen zwar genau wie Männer ihren Mars, aber eher als Potential, als Anlagebild, und neigen dazu, ihn nicht selbst auszuleben, sondern ihn zu projizieren. Sie suchen sich Männer, die ihrem Mars entsprechen. Über diesen Umweg hat er dann doch Anteil an ihrem Leben. Frauen, die Berufe ergreifen, welche früher eher als typisch männlich galten – im Management beispielsweise –, leben ihren Mars weitgehend selbst. Mars ist der regierende Planet des Widders und besitzt daher viele Wesenszüge dieses Tierkreiszeichens.

DIE ERMITTLUNG DES MARSZEICHENS

Suchen Sie in der folgenden Marstabelle Ihren Geburtstag, und entnehmen Sie Ihre Marsposition, die Sie auf den entsprechenden Text im anschließenden Kapitel über die Marszeichen verweist. (Siehe auch die Vorbemerkung am Beginn von Teil II dieses Buches.)

Die Marstabelle

1920* Steinbock, **1921** 23.10.–6.11. Jungfrau, 7.11.–23.11. Waage, **1922** 23.10.–30.10. Steinbock, 1.11.–23.11. Wassermann, **1923** Waage, **1924** Fische, **1925** Waage, **1926** Stier, **1927** 23.10.–25.10. Waage, 26.10.–23.11. Skorpion, **1928** 23.10.–20.11. Krebs, 21.11.–23.11. Zwillinge, **1929** 23.10.–17.11. Skorpion, 18.11.–23.11. Schütze, **1930** Löwe, **1931** Schütze, **1932** 23.10.–13.11. Löwe, 14.11.–23.11. Jungfrau, **1933** 23.10.–18.11. Schütze, 19.11.–23.11. Steinbock, **1934** Jungfrau, **1935** 23.10.–28.10. Schütze, 29.10.–23.11. Steinbock, **1936** 23.10.–14.11. Jungfrau, 15.11.–23.11. Waage, **1937** 23.10.–11.11. Steinbock, 12.11.–23.11. Wassermann, **1938** 23.10.–24.10. Jungfrau, 25.10.–23.11. Waage, **1939** 23.10.–19.11. Wassermann, 20.11.–23.11. Fische, **1940** 23.10.–20.11. Waage, 21.11.–23.11. Skorpion, **1941** Widder, **1942** 23.10.–1.11. Waage, 2.11.–23.11. Skorpion, **1943** Zwillinge, **1944** Skorpion, **1945** 23.10.–11.11. Krebs, 12.11.–23.11. Löwe, **1946** 23.10.–6.11. Skorpion, 7.11.–23.11. Schütze, **1947** Löwe, **1948** Schütze, **1949** 23.10.–26.10. Löwe, 27.10.–23.11. Jungfrau, **1950** 23.10.–5.11. Schütze, 6.11.–23.11. Steinbock, **1951** Jungfrau, **1952** 23.10.–21.11. Steinbock, 22.11.–23.11. Wassermann, **1953** 23.10.–1.11. Jungfrau, 2.11.–23.11. Waage, **1954** Wassermann, **1955** Waage, **1956** Fische, **1957** 23.10.–8.11. Waage, 9.11.–23.11. Skorpion, **1958** 23.10.–28.10. Zwillinge, 29.10.–23.11. Stier, **1959** Skorpion, **1960** Krebs, **1961** 23.10.–13.11. Skorpion, 14.11.–23.11. Schütze, **1962** Löwe, **1963** 23.10.–25.10. Skorpion, 26.10.–23.11. Schütze, **1964** 23.10.–5.11. Löwe, 6.11.–23.11. Jungfrau, **1965**

* Siehe auch die Anmerkung zur Mondtabelle.

23.10.–13.11. Schütze, 14.11.–23.11. Steinbock, **1966** Jungfrau, **1967** Steinbock, **1968** 23.10.–8.11. Jungfrau, 9.11.–23.11. Waage, **1969** 23.10.–4.11. Steinbock, 5.11.–23.11. Wassermann, **1970** Waage, **1971** 23.10.–6.11. Wassermann, 7.11.–23.11. Fische, **1972** 23.10.–15.11. Waage, 16.11.–23.11. Skorpion, **1973** 23.10.–29.10. Stier, 30.10.–23.11. Widder, **1974** 23.10.–27.10. Waage, 28.10.–23.11. Skorpion, **1975** Krebs, **1976** 23.10.–20.11. Skorpion, 21.11.–23.11. Schütze, **1977** 23.10.–26.10. Krebs, 27.10.–23.11. Löwe, **1978** 23.10.–1.11. Skorpion, 2.11.–23.11. Schütze, **1979** 23.10.–19.11. Löwe, 20.11.–23.11. Jungfrau, **1980** 23.10.–21.11. Schütze, 22.11.–23.11. Steinbock, **1981** Jungfrau, **1982** 23.10.–31.10. Schütze, 1.11.–23.11. Steinbock, **1983** 23.10.–17.11. Jungfrau, 18.11.–23.11. Waage, **1984** 23.10.–15.11. Steinbock, 16.11.–23.11. Wassermann, **1985** 23.10.–27.10. Jungfrau, 28.10.–23.11. Waage, **1986** Wassermann, **1987** Waage, **1988** 23.10. Widder, 24.10.–1.11. Fische, 2.11.–23.11. Widder, **1989** 23.10.–2.11. Waage, 3.11.–23.11. Skorpion, **1990** Zwillinge, **1991** Skorpion, **1992** Krebs, **1993** 23.10.–8.11. Skorpion, 9.11.–23.11. Schütze, **1994** Löwe, **1995** Schütze, **1996** 23.10.–29.10. Löwe, 30.10.–23.11. Jungfrau, **1997** 23.10.–8.11. Schütze, 9.11.–23.11. Steinbock, **1998** Jungfrau, **1999** Steinbock, **2000** 23.10.–3.11. Jungfrau, 4.11.–23.11. Waage, **2001** 23.10.–26.10. Steinbock, 27.10.–23.11. Wassermann, **2002** Waage, **2003** Fische

Mars im Widder – DIREKTES EROBERUNGSSPIEL

Marsstärken Energisch, kühn, mutig, stolz
Marsschwächen Streitsüchtig, egoistisch

Sie haben einen tollen Mars! Als Herrscher des Widderzeichens, dessen Element zudem das Feuer ist, kann er sich hier so richtig entfalten. Diese Konstellation verleiht Feuer im Doppelpack, macht kämpferisch, mutig und furchtlos. Sie sind ein Draufgänger, ein Held und Abenteurer, jemand, der nicht lange fackelt, sondern nach seiner Fasson lebt und dafür sorgt, daß sein Wille geschehe.
Allerdings kann es sein, daß sich Ihr Mars (noch) »versteckt«, daß Sie sich und andere vor ihm schützen, ihn vielleicht unterdrücken oder verleugnen. Sie halten sich vielmehr für eine friedliche oder gehemmte Person. Das würde dann bedeuten, daß Sie Ihren Mars erst noch entdecken müssen. Vielleicht kennen Sie diese Kraft bisher nur als inneres Rumoren, als gelegentliches Beben, als völlig unerwarteten Wutausbruch. Möglicherweise steigt Ihnen Ihr Mars auch in den Kopf und macht sich dort schmerzhaft bemerkbar. Sie können jedenfalls sicher sein, daß dieser Mars zum Ausbruch drängt wie Feuer in einem Vulkan. Besser, Sie geben ihm rechtzeitig Raum und verschaffen sich so Luft! Was Ihnen hilft, ist eine Tätigkeit, die Ihnen möglichst viel Freiheit läßt. Erleichterung finden Sie auch über sämtliche aktiven Sportarten. Am wichtigsten aber ist, daß Sie mit der Zeit mehr und mehr zu Ihrem Mars stehen, sich mehr zutrauen, öfter mal über die Stränge schlagen und sich nicht selbst dafür tadeln, wenn Ihr »marsischer« Anteil über Sie kommt.

Mars-Check
Wie gut setze ich mich durch? Ich habe alle Voraussetzungen, um mich gut durchzusetzen.
Wie aggressiv macht mich mein Mars? Ich muß mich ausleben, sonst werde ich sehr aggressiv.
Wieviel Sexpower verleiht mir mein Mars? Wenn ich mich nicht selbst unterdrücke, habe ich jede Menge Sex.

Mars im Stier – GENUSSVOLLES EROBERUNGSSPIEL

Marsstärken Ausdauernd, zäh, sinnlich
Marsschwächen Jähzornig, gierig, stur

Mars im Stier bedeutet eine Verbindung von Feuer (denn Mars ist ein Feuerplanet) und Erde (denn Stier ist vom Element her Erde). Diese Kombination verleiht Ihnen die Stärke eines mittleren Erdbebens. Was Sie anpacken, ziehen Sie auch durch, denn Sie haben nicht nur Kraft, sondern sind auch zäh und ausdauernd. Ihr Feuer brennt nicht lichterloh (um dann rasch in sich zusammenzufallen), es gleicht einer beständigen Glut. Darüber hinaus bringt die Begegnung des »Sexplaneten« Mars mit dem Tierkreiszeichen Stier eine betont sinnliche Komponente in Ihr Dasein. Die dritte Haupteigenschaft dieser Marsposition ist ein enormer Erwerbstrieb: Ihr Lebtag arbeiten Sie für Sicherheit, Geld, ein Haus, Luxus und was auch immer. Sie sind dafür geboren, das Fleckchen Erde, auf dem Sie leben, in ein blühendes Paradies zu verwandeln.

Möglicherweise aber führt Ihr Mars ein Schattendasein, und Sie kennen ihn noch gar nicht richtig. Vielleicht schätzen Sie Ihr Leben überhaupt nicht als übermäßig sinnlich ein oder bezeichnen sich sogar als arm. Aber das heißt nur, daß Sie Ihren Mars noch nicht »gefunden« haben. Dennoch existiert er, seine kolossale Kraft, seine Sinnlichkeit und der Zug zu Reichtum schlummern in Ihnen.

Was Ihnen hilft, Ihren Mars zu »wecken«, ist körperliche Bewegung und Kontakt mit der Natur. Am wichtigsten aber ist, daß Sie an Ihren Mars glauben und in Ihrem Denken und Handeln Raum dafür schaffen.

Mars-Check

Wie gut setze ich mich durch? Wenn ich angegriffen werde, werde ich stark.

Wie aggressiv macht mich mein Mars? Ich kann furchtbar wütend werden, wenn man mich reizt.

Wieviel Sexpower verleiht mir mein Mars? Darüber muß man kein Wort verlieren – oder höchstens eines: viel ...!

Mars in den Zwillingen – VERSPIELTES EROBERUNGSSPIEL

Marsstärken Gewandt, neugierig, vielseitig
Marsschwächen Unkonzentriert, zerstreut

Mars in den Zwillingen hilft Ihnen, ein unternehmerischer, vielseitig interessierter und talentierter Mensch zu sein. Diese Konstellation verleiht Ihnen ein Feuer, das mutig und unerschrocken macht. Mit Mars, dem Feuerplaneten, und Zwillinge, einem Luftzeichen, treffen zwei Elemente aufeinander, die eine sehr günstige Mischung ergeben: Feuer braucht Luft. Im übertragenen Sinne bedeutet Luft Kommunikation. Daraus folgt, daß Sie vitaler, lebendiger und feuriger werden, sobald Sie unter Menschen sind. Hingegen dämpft Alleinsein Ihr Temperament. Oder die Gedanken beginnen zu rotieren, und Sie können Ihren Kopf nicht mehr abschalten.
Ihre durch Mars in den Zwillingen gesteigerte Neugierde, Ihr Interesse an allem, läßt sich jedoch nur im Kontakt mit Ihrer Außenwelt ausreichend befriedigen.
Allerdings kann es auch sein, daß Sie Ihren Mars noch gar nicht richtig entdeckt haben und ihn daher nicht ausleben können. Ihr eigenes Leben kommt Ihnen vielleicht überhaupt nicht übermäßig interessant und abwechslungsreich, sondern eher ziemlich langweilig vor. Das hieße dann aber, daß Sie Ihren Mars schleunigst ans Licht holen sollten. In jedem Fall existiert diese lebendige Kraft in Ihnen. Daran gibt es keinen Zweifel.

Mars-Check

Wie gut setze ich mich durch? Verbal kann ich mich prima durchsetzen.
Wie aggressiv macht mich mein Mars? Ich schimpfe höchstens einmal kräftig.
Wieviel Sexpower verleiht mir mein Mars? Ich bin kein wildes Tier, aber ich habe viel Lust am Sex.

Mars im Krebs – GEFÜHLVOLLES EROBERUNGSSPIEL

Marsstärken Gefühlsstark, strebsam
Marsschwächen Nachlässig, »zickig«

Mars, der Feuerplanet, und Krebs, von seiner Energie her ein Wasserzeichen, treffen aufeinander. Das kann dazu führen, daß das Feuer zunächst einmal im Wasser erlischt. Dann ist man ein Mensch, der Schwierigkeiten hat, seinen Willen durchzusetzen, die Ellenbogen zu benutzen, sich zu behaupten – denn all dies sind Eigenschaften, die der Planet Mars verleiht. Zugleich ist man innerlich gespannt, spürt Wut, Frustration und Ungenügen, kann damit aber nicht richtig herausrücken.

Es gibt jedoch auch die Möglichkeit, den Mars im Krebs zu transformieren. Dabei gilt es zu akzeptieren, daß man zwar nicht so direkt und forsch handeln kann, wie man es bei einem ungebremsten Mars erwarten würde, dafür aber ein tiefes Gefühlsleben besitzt. Mit Mars im Krebs ist man in positivster Weise ein Mensch, der tief in sich hineinschaut und seine Seele (und auch die anderer) kennt. Wenn Sie Ihren Mars so leben und erleben, sind Sie ein rezeptiver, kreativer Mensch, einer, der durch sein Mitschwingen mit anderen und sein psychologisches Gespür am Ende genauso viel erreicht wie Menschen mit anderen Marspositionen.

Allerdings kann es auch sein, daß Ihr Mars noch ein Schattendasein führt. Sie schätzen ihn nicht und versuchen, ihn durch effektiveres Verhalten zu ersetzen. Nur funktioniert das so eben nicht: Am Ende werden Sie noch unsicherer sein.

Stehen Sie zu Ihrem Mars! Leben Sie Ihren Mars mit all seinen Widersprüchen. Betreiben Sie Weiterbildung in Sachen Psychologie. Das hilft Ihnen, sich selbst besser zu verstehen.

Mars-Check

Wie gut setze ich mich durch? Auf direktem Weg fällt es mir schwer, mich durchzusetzen.
Wie aggressiv macht mich mein Mars? Es dauert lange, bis ich wütend werde.
Wieviel Sexpower verleiht mir mein Mars? Wenn ich mich sicher fühle, bin ich sehr erotisch.

Mars im Löwen – IMPOSANTES EROBERUNGSSPIEL

Marsstärken Selbstbewußt, herzlich, stolz
Marsschwächen Selbstsüchtig, eitel

Sie haben einen besonders starken Mars, und das hat seinen guten Grund: Der feurige Planet Mars begegnet dem Löwen, einem dem Element Feuer zugehörenden Zeichen. Feuer trifft also auf Feuer, verdoppelt sich, wird zur lodernden Flamme. Da Feuer ein Symbol gleichermaßen für Tatkraft wie geistige Regsamkeit ist, müssen Sie ein dynamischer, unternehmungsfreudiger Mensch sein, dessen Wirken durchdrungen ist von geistiger Weitsicht und Größe. Ihren hohen Ansprüchen, mit denen Sie um die Durchsetzung Ihrer Ziele kämpfen, steht eine einnehmende Herzlichkeit und eine lockere, beinahe spielerische Haltung gegenüber. Man könnte meinen, Ihre Erfolge fallen Ihnen einfach in den Schoß. Aber Sie bekommen nichts »gratis«. Sie sind dem Leben und anderen Menschen gegenüber immer hilfsbereit und großzügig – und das gibt Ihnen das Leben zurück.
Sollten Sie sich in diesem Bild nicht finden und sich vom Leben eher benachteiligt als beschenkt fühlen, führt Ihr Mars ein Schattendasein. Sie haben ihn noch gar nicht richtig entdeckt und können ihn daher nicht ausleben.
Was Ihnen hilft, Ihren Mars zu »wecken«, ist Bewegung, Tanz, aktiver Sport. Vor allem aber müssen Sie direkter, spontaner und selbstbewußter werden. Sie müssen sich mit dem Mars in Ihrem Inneren verbinden – es ist alles da, was Sie brauchen.

Mars-Check
Wie gut setze ich mich durch? Damit habe ich überhaupt keine Probleme.
Wie aggressiv macht mich mein Mars? Ich bin nicht leicht aus der Ruhe zu bringen. Aber wenn es sein muß, kann ich richtig toben.
Wieviel Sexpower verleiht mir mein Mars? Starken Partnern schenke ich alles – Schwächlinge schläfern mich ein.

Mars in der Jungfrau – VERSTECKTES EROBERUNGSSPIEL

Marsstärken Geistig fit, vernünftig, aktiv, arbeitsmotiviert, fleißig
Marsschwächen Zwanghaft, überängstlich

Feuer und Erde verbinden sich bei der Konstellation Mars in der Jungfrau, einem Erdzeichen. Feuer und Erde zusammen wecken Aktivität, Arbeitswillen, Genauigkeit und Realitätssinn. Ihr Feuer gleicht einer anhaltenden Glut. Das macht Sie zu einem Menschen, der gern und gut arbeitet, ausdauernd und präzise ist, strategisch vorgeht und sich nicht unüberlegt in seine Arbeit stürzt. Mars in der Jungfrau macht auch vorsichtig. Das kann unter Umständen in Kleinlichkeit und Angst ausarten. Auch eine übertrieben kritische Haltung sich selbst und anderen gegenüber kann die Folge sein. Sie brauchen daher ein Ventil, etwas, das Ihnen erlaubt, Ihren Mars ohne zuviel Kontrolle und Analyse ausleben zu können, wie zum Beispiel Sport oder andere körperliche Aktivitäten. Auch riskante Freizeitbeschäftigungen (Paragliding, Klettern) sind für Sie und Ihren Mars geeignet: Sie passen nämlich gut auf sich auf – und Ihrem Mars ist Genüge getan. Das wiederum kommt, zusammen mit der Jungfrauenergie, Ihrem Schaffen zugute.
Sie sollten auch einen Weg finden, Ihre Wut und Ihre Verletzungen besser zu zeigen. Mit Mars in der Jungfrau neigt man nämlich dazu, seine Aggressionen zu unterdrücken und irgendwo zu »bunkern« – bis dann das Maß voll ist und man wegen einer Kleinigkeit »an die Decke geht«.

Mars-Check
Wie gut setze ich mich durch? Ich habe Probleme, mich durchzusetzen.
Wie aggressiv macht mich mein Mars? Ich brauche lange, bis ich explodiere.
Wieviel Sexpower verleiht mir mein Mars? Ich bin kein Hengst, aber auch keine Schnecke. Erfolg macht mich sexy.

Mars in der Waage – RAFFINIERTES EROBERUNGSSPIEL

Marsstärken Lebhaft, gesellig, charmant, beliebt, ausgleichend, korrekt
Marsschwächen Ausschweifend, untreu, unmäßig

Mit Ihrer Marsposition vereinigen sich Feuer (Mars) und Luft (Waage). Diese Kombination kommt beiden Elementen zugute und wertet sie auf. Sie sind daher ein leichter, »luftiger« Mensch von sanguinischem Temperament und besitzen die Gabe, andere rasch für sich einzunehmen. Ihr Auftreten ist charmant, einfühlsam, zuvorkommend. Ihr Mars in der Waage macht Sie auch zu einem Streiter für Frieden und Ausgleich. Wo immer Ungerechtigkeiten und Zwietracht herrschen, fühlen Sie sich aufgerufen, zu schlichten und zu versöhnen. Zuweilen bricht aber auch bei Ihnen Mars in all seiner Heftigkeit durch, nämlich dann, wenn Sie zu lange versucht haben, ihn zu kontrollieren und zu unterdrücken.
Mars in der Waage führt auch zu starker Denkarbeit. Sie glauben, alle Probleme mit dem Kopf lösen zu können. Wichtig ist, sich für Ihren Mars ein Ventil zu suchen. Man kann diesen Planeten nicht zu permanenter Friedfertigkeit veranlassen. Aber wenn Sie ihn anderweitig leben, beim Sport, bei abenteuerlicher Freizeitgestaltung, dann gelingt es Ihnen besser, Ihren Mars für Ihre friedlichen Missionen einzuspannen. Ein weiteres Plus Ihrer Marsposition sind ein guter Geschmack und künstlerisches Talent.

Mars-Check
Wie gut setze ich mich durch? Ich bin ein guter Taktiker.
Wie aggressiv macht mich mein Mars? Eigentlich bin ich sehr friedlich, aber manchmal explodiere ich schon wegen einer Kleinigkeit.
Wieviel Sexpower verleiht mir mein Mars? Sex habe ich genug. Aber ich suche mehr, und zwar geistiges Verstehen.

Mars im Skorpion – INBRÜNSTIGES EROBERUNGSSPIEL

Marsstärken Kraftvoll, ausdauernd, hartnäckig, leidenschaftlich, furchtlos und mutig
Marsschwächen Lasterhaft, rachsüchtig

Ihnen steht ein besonderer Mars, eine starke, vitale Kraft zur Seite. Sie sind ausgesprochen zäh, wenn es um die Verwirklichung eines Zieles geht, an dem Ihnen auch emotional liegt. Selbst Mühen und Unannehmlichkeiten, mit denen sich andere Menschen nicht belasten würden, nehmen Sie dann gern in Kauf. Nicht verwunderlich ist es, daß diese Hartnäckigkeit mitunter zu außerordentlichen Leistungen führt. Dennoch sind Sie kein Kraftprotz, einer, der die Muskeln spielen läßt und bei jeder Gelegenheit zeigen will, was er draufhat. Skorpion ist vom Element her ein Wasserzeichen. Die Kraft des Planeten Mars ist nicht auf äußere Wirkung aus. Seine Power geht nach innen. Diese Marsposition führt dazu, daß Sie instinktiv wissen, wann Ihr Einsatz wichtig ist, wann etwas Bedeutsames und Wichtiges ansteht und erledigt werden muß: Dann werden Sie zum »Helden«. Daher ist Ihnen zu raten, Herausforderungen zu suchen und anzunehmen. Nur dann steht Ihr Mars voll auf Ihrer Seite, während Sie sonst beinahe müde und lustlos sein können.
Ihr Mars neigt zur Zerstörung. Das ist immer dann gut, wenn etwas alt, verbraucht, überholt und ein neuer Anfang angezeigt ist. Aber hüten Sie sich vor mutwilliger Zerstörung! – Mit Mars im Skorpion verfügen Sie auch über eine kolossale Sexpower. Sie sind leidenschaftlich, triebstark und letztendlich beseelt von der Idee, für Nachwuchs zu sorgen.

Mars-Check
Wie gut setze ich mich durch? Ich bringe meine Power indirekt ein und setze so meinen Willen durch.
Wie aggressiv macht mich mein Mars? Ich kann alles zerstören.
Wieviel Sexpower verleiht mir mein Mars? Mehr als allen anderen.

Mars im Schützen – FEURIGES EROBERUNGSSPIEL

Marsstärken Schlagfertig, gerecht, begeisterungsfähig, klar und offen
Marsschwächen Streitbar, aggressiv, beleidigend

Mit Mars im Schützezeichen trifft Feuer wieder auf Feuer und wird zur lodernden Flamme: Ihr Mars zeigt sich mit besonderer Intensität. Da Feuer ein Symbol gleichermaßen für Tatkraft wie geistige Regsamkeit ist, müssen Sie ein dynamischer, unternehmungsfreudiger Mensch sein, dessen Wirken durchdrungen ist von geistiger Weitsicht und Größe. Ihr Handeln und Wirken wird stark von Idealen geleitet: von Gerechtigkeit, Ritterlichkeit und Fairneß. Sie sind leicht zu begeistern und – einmal in Schwung – kaum zu bremsen. Was Sie brauchen, ist ein Ziel, eine Hoffnung, eine Perspektive, sonst erlischt Ihr Feuer.
Allerdings kann es auch sein, daß Ihr Mars noch ein Schattendasein führt, daß Sie ihn noch gar nicht richtig entdeckt haben. Vielleicht meinen Sie, keineswegs feurig oder übermäßig aktiv zu sein, sondern erleben sich eher als passiven Zeitgenossen. Dies hieße dann, daß Sie einen Teil Ihres Selbst negieren – und sich auf die Suche nach Ihrem Mars begeben sollten.
Was Ihnen hilft, Ihren Mars zu »wecken«, ist Bewegung, Tanz, aktiver Sport und Reisen. Vor allem aber müssen Sie direkter, spontaner und selbstbewußter werden. Sie müssen sich mit dem Mars in Ihrem Inneren verbinden – es ist alles da, was Sie brauchen.

Mars-Check
Wie gut setze ich mich durch? Solange Fairneß herrscht, kann ich mich prima durchsetzen.
Wie aggressiv macht mich mein Mars? Ich bin nicht aggressiv, aber für eine gute Sache werde ich zum heiligen Krieger.
Wieviel Sexpower verleiht mir mein Mars? Sex bringt mich dem Himmel näher.

Mars im Steinbock – BERECHNENDES EROBERUNGSSPIEL

Marsstärken Verantwortungsvoll, geduldig, zäh, mutig, tatkräftig
Marsschwächen Eigenwillig, mißmutig

Mars im Steinbock führt zu einer Verbindung von Feuer und Erde, da der Steinbock zu den Erdzeichen zählt. Feuer und Erde zusammen wecken Arbeitswillen, Genauigkeit und Realitätssinn. Ihr Feuer brennt nicht lichterloh (um sich dann rasch zu verzehren), sondern lang anhaltend wie eine wohlgeschürte Glut. Das macht Sie zu einem Menschen, der gern und gut arbeitet, ausdauernd und präzise ist, strategisch vorgeht und sich nicht unüberlegt in seine Tätigkeiten stürzt. Mars im Steinbock macht auch extrem widerstandsfähig. Man kann Sie mit einem Diamantbohrer vergleichen, der sich in eine Sache unaufhaltsam hineinfrißt. Mars im Steinbock macht erfolgreich. Er verleiht Ihnen die entsprechende Motivation und ein Gespür für Machtverhältnisse.
Diese Konstellation bedeutet aber auch, daß sich Mars total wandeln muß. Aus einer impulsiven, feurigen, leicht erregbaren, leidenschaftlichen Energie wird eine kontrollier- und regelbare Kraft, die sich einer höheren Absicht fügt und dem Allgemeinwohl dient. Sie dürfen allerdings die ursprüngliche Qualität von Mars nicht vollständig verlieren. Das würde zu Aggressionsstau und unter Umständen sogar zu gesundheitlichen Problemen führen. Es ist also wichtig, sich für Ihren Mars ein Ventil zu suchen. Wenn Sie ihn anderweitig leben, beim Sport oder bei abenteuerlicher Freizeitgestaltung, dann gelingt es Ihnen besser, Ihren Mars für Ihre höheren Zwecke einzuspannen.

Mars-Check
Wie gut setze ich mich durch? Ich bin ein harter Arbeiter und schaffe alles, was ich will.
Wie aggressiv macht mich mein Mars? Normalerweise bin ich friedlich. Wer es aber drauf anlegt, wird mich kennenlernen.
Wieviel Sexpower verleiht mir mein Mars? Wenn die Verhältnisse stimmen, hole ich mir auch hier meine Gipfelerlebnisse!

Mars im Wassermann – GEISTREICHES EROBERUNGSSPIEL

Marsstärken Aufgeweckt, innovativ, selbständig, schöpferisch
Marsschwächen Prahlerisch, eingebildet

Mit Ihrer Marsposition vereinigen sich Feuer (Mars) und Luft (Wassermann). Diese Kombination kommt beiden Elementen zugute und wertet sie auf. Sie sind daher ein leichter, »luftiger« Mensch, der die Gabe besitzt, andere für sich einzunehmen. Ihr Auftreten ist charmant, einfühlsam und zuvorkommend.
Alltag, graues Einerlei, tägliche Routine erzeugen bei Ihnen eine Gänsehaut. Sie möchten Neues erschaffen, eingefahrene Gleise verlassen, originell und schöpferisch sein. Freiheit ist für Sie überaus wichtig. Sie arbeiten besser, wenn Sie nicht ständig jemand gängelt. Sie sind der geborene »Freelancer«. Ihr ausgeprägtes Improvisationstalent ermöglicht Ihnen, originelle und unkonventionelle Lösungen zu finden, wenn Sie nicht durch Vorgaben eingeschränkt werden. In Beziehungen wird es Ihnen ebenfalls schnell zu eng. Eine Ehe bereitet Ihnen (auch) Probleme, Sie fühlen sich unfrei, wie »eingesperrt«.
Vielleicht aber entspricht diese Charakterisierung nicht Ihrem Selbstbild: Weder schätzen Sie sich als unabhängig oder freiheitsliebend noch als übermäßig schöpferisch ein. Dann ist zu vermuten, daß Ihr Mars noch auf seine Entdeckung wartet. Machen Sie sich auf die Suche! Was Ihnen hilft, Ihren Mars zu »wecken«, ist Bewegung, vor allem Tanz. Noch wichtiger aber ist, unkonventioneller und spontaner zu werden. Sie müssen sich mit dem Mars in Ihrem Inneren verbinden – es ist alles da, was Sie benötigen.

Mars-Check
Wie gut setze ich mich durch? Ich bin genial, aber nicht unbedingt durchsetzungsstark.
Wie aggressiv macht mich mein Mars? Ich hasse aggressive Menschen.
Wieviel Sexpower verleiht mir mein Mars? Sex ist schön, aber er ist nicht alles.

Mars in den Fischen – SPHINXHAFTES EROBERUNGSSPIEL

Marsstärken Empfänglich, intuitiv, einfühlsam, kreativ
Marsschwächen Willensschwach, beeinflußbar, täuschbar

Der Feuerplanet Mars steht im Wasserzeichen Fische: Feuer und Wasser treffen aufeinander. Das kann dazu führen, daß das Feuer zunächst einmal ausgeht. Dann sind Sie jemand, der Schwierigkeiten hat, seinen Willen durchzusetzen, die Ellenbogen zu benutzen und sich zu behaupten – denn all dies sind marsische Eigenschaften. Gleichzeitig fühlen Sie sich jedoch innerlich gespannt, spüren Wut, Enttäuschung und Ungenügen, kommen damit aber nicht richtig heraus.
Es gibt jedoch auch die Möglichkeit, den Mars in den Fischen zu transformieren. Dazu muß man akzeptieren, daß man zwar nicht so direkt und forsch vorgeht, wie man es bei einem ungebremsten Mars erwarten würde, dafür aber eine andere Fähigkeit besitzt, nämlich ein kolossales Gespür. Das Fischezeichen ist seinem Wesen nach »transparent«, es besitzt keine klaren Grenzen, versetzt jemanden daher in die Lage, sich universell zu »vernetzen«. Man besitzt also eine Art sechsten Sinn, spürt andere Menschen, die sich nicht einmal in der Nähe aufhalten, ja, vermag sich sogar in die Zukunft zu »beamen«. Mars kann all diese Fähigkeiten noch steigern: Man wird zum paranormalen Individuum.
Wenn Sie Ihren Mars so in Ihr Leben integrieren, sind Sie ein Mensch, der durch sein Mitschwingen mit anderen und sein psychologisches Gespür am Ende genauso viel erreicht wie Menschen mit anderen Marspositionen.

Mars-Check

Wie gut setze ich mich durch? Damit habe ich Probleme. Versuche ich es dennoch, muß ich von der Sache hundertprozentig überzeugt sein.
Wie aggressiv macht mich mein Mars? Es dauert ewig, bis ich aus der Haut fahre.
Wieviel Sexpower verleiht mir mein Mars? Sex ist wunderbar, aber er ist nicht alles ...

Das Jupiterhoroskop –
INNERLICH UND ÄUSSERLICH REICH UND ERFOLGREICH SEIN

Jupiterzeichen

Nachts, wenn Venus nicht mehr (oder noch nicht) am Himmel leuchtet, ist Jupiter einer der hellsten Sterne überhaupt. Kein Wunder daher, daß er unseren Vorfahren, die der Nacht in viel umfassenderem Maße ausgeliefert waren als wir heute in unserer künstlich erhellten Zeit, ein Symbol für Hoffnung, Trost, Stimmigkeit und Gerechtigkeit war. Oft verband man ihn mit der obersten Gottheit.
So auch in der griechischen Mythologie, auf die sich die Symbolik der Astrologie entscheidend bezieht. Jupiter heißt bei den Griechen »Zeus«, und über ihn gibt es unzählige Mythen. So war er es, der gegen seinen Vater Saturnus bzw. Kronos, den obersten der Titanen, antrat

und ihn besiegte. Saturnus hatte nämlich außer Zeus alle seine Nachkommen aufgefressen, weil ihm geweissagt worden war, daß ihn eines seiner Kinder vom Throne stoßen würde. Rheia, Zeus' Mutter, versteckte ihren Sohn vor dem Vater, und die Prophezeiung erfüllte sich: Zeus entthronte ihn und warf ihn in den Tartaros.
Andere Geschichten über Zeus/Jupiter erzählen eher Delikates. So gelüstete es den obersten Gott wie gesagt immer wieder nach weltlichen Frauen, die er durch List dazu brachte, mit ihm zu schlafen und Kinder von ihm zu empfangen. Bei Leda zum Beispiel verwandelte er sich in einen Schwan und zeugte mit ihr Pollux. Auch Herakles und Dionysos entstammten seinem gemeinsamen Lager mit sterblichen Frauen. Gezeugt durch den unsterblichen Jupiter, erlangten seine Kinder ebenfalls die Unsterblichkeit.
Die Position Jupiters im Horoskop verweist daher einerseits auf tiefe Einsichten: Jupiter sorgt dafür, daß uns »ein Licht aufgeht«, wir letzten Endes weise werden. Auf der anderen Seite verkörpert Jupiter eine Gestalt, der eine unendlich große Liebe zukommt. Sinnbildlich gesprochen, sehnt sich der Mensch danach, sich mit dem göttlichen Jupiter zu vereinigen, um Kinder (symbolisch für Ideen und Taten) zu gebären, die unsterblich sind.
Des weiteren repräsentiert Jupiter den großen Helfer und Heiler. Dort, wo er im Horoskop steht, findet der Mensch Kräfte, sich und andere zu trösten und zu stärken. Am bekanntesten ist Jupiter in der Astrologie aber deswegen, weil er das Glück verheißt.

DIE ERMITTLUNG DES JUPITERZEICHENS

Suchen Sie in der Jupitertabelle Ihren Geburtstag, und entnehmen Sie Ihre Jupiterposition, die Sie auf den entsprechenden Text im anschließenden Kapitel über die Jupiterzeichen verweist. (Siehe auch die Vorbemerkung am Beginn von Teil II dieses Buches.)

Die Jupitertabelle

1920* Jungfrau, **1921** Waage, **1922** 23.10.–26.10. Waage, 27.10.–23.11. Skorpion, **1923** Skorpion, **1924** Schütze, **1925** Steinbock, **1926** Wassermann, **1927** Fische, **1928** Stier, **1929** Zwillinge, **1930** Krebs, **1931** Löwe, **1932** Jungfrau, **1933** Waage, **1934** Skorpion, **1935** 23.10.–8.11. Skorpion, 9.11.–23.11. Schütze, **1936** Schütze, **1937** Steinbock, **1938** Wassermann, **1939** 23.10.–30.10. Widder, 31.10.–23.11. Fische, **1940** Stier, **1941** Zwillinge, **1942** Krebs, **1943** Löwe, **1944** Jungfrau, **1945** Waage, **1946** Skorpion, **1947** 23.10. Skorpion, 24.10.–23.11. Schütze, **1948** 23.10.–14.11. Schütze, 15.11.–23.11. Steinbock, **1949** Steinbock, **1950** Wassermann, **1951** Widder, **1952** Stier, **1953** Zwillinge, **1954** Krebs, **1955** 23.10.–16.11. Löwe, 17.11.–23.11. Jungfrau, **1956** Jungfrau, **1957** Waage, **1958** Skorpion, **1959** Schütze, **1960** 23.10.–25.10. Schütze, 26.10.–23.11. Steinbock, **1961** 23.10.–3.11. Steinbock, 4.11.–23.11. Wassermann, **1962** Fische, **1963** Widder, **1964** Stier, **1965** Krebs, **1966** Löwe, **1967** Jungfrau, **1968** 23.10.–15.11. Jungfrau, 16.11.–23.11. Waage, **1969** Waage, **1970** Skorpion, **1971** Schütze, **1972** Steinbock, **1973** Wassermann, **1974** Fische, **1975** Widder, **1976** Stier, **1977** Krebs, **1978** Löwe, **1979** Jungfrau, **1980** 23.10.–26.10. Jungfrau, 27.10.–23.11. Waage, **1981** Waage, **1982** Skorpion, **1983** Schütze, **1984** Steinbock, **1985** Wassermann, **1986** Fische, **1987** Widder, **1988** Zwillinge, **1989** Krebs, **1990** Löwe, **1991** Jungfrau, **1992** Waage, **1993** 23.10.–9.11. Waage, 10.11.–23.11. Skorpion, **1994** Skorpion, **1995** Schütze, **1996** Steinbock, **1997** Wassermann, **1998** Fische, **1999** 23.10. Stier, 24.10.–23.11. Widder, **2000** Zwillinge, **2001** Krebs, **2002** Löwe, **2003** Jungfrau

* Siehe auch die Anmerkung zur Mondtabelle.

Jupiter im Widder – DAS GLÜCK DES FEUERS

Jupiterstärken Selbstvertrauen, Optimismus
Jupiterschwächen Prahlerei

Ihr Glück ist für Sie die Möglichkeit, Ihren Willen und Ihre Impulse spontan und unmittelbar umsetzen zu können. Sie sind ein Abenteurer – in Wirklichkeit wie im Geiste. Sie möchten wie Kolumbus die Welt entdecken. Und wie Einstein, Hildegard von Bingen oder Galileo Galilei den Gipfel menschlicher Erkenntnis erreichen. Wenn Sie sich bewegen, geistig wie körperlich, sind Sie Ihrem Schöpfer am nächsten. Stillstand hingegen weckt Resignation; Sie fühlen sich fern und ausgestoßen vom großen Ganzen. Durch Ihre optimistische und positive Weltauffassung sind Sie dafür bestimmt, anderen voranzugehen oder ihnen den Weg zu weisen. Denn Sie tragen eine Fackel des Lichts und der Wahrheit.
So schlummert auch ein Heiler und Prophet in Ihnen, der im Lauf Ihres Lebens geweckt werden will. Bevor Sie allerdings selber ein Lichtbringer sein können, werden Sie Persönlichkeiten suchen, die Ihnen auf Ihrem eigenen Weg ein Vorbild sind. Mit der Gabe, andere zu führen, müssen Sie behutsam umgehen. Hüten Sie sich, andere zu blenden oder sich über deren Unwissen zu erheben. Sie dürfen Ihre Demut nie verlieren, und Sie dürfen nicht vergessen, daß Sie selbst auch – und sogar zuallererst – ein Suchender sind.

Jupiter-Check
Wie habe ich Erfolg, inneres und äußeres Glück? Durch Handeln, Reisen, Unternehmungen, Initiativen.
Wie kann ich helfen und heilen? Durch tatkräftiges Unterstützen, Körpertherapie, Yoga, Sport, Wärme. Andere motivieren, ihnen Mut zusprechen.

Jupiter im Stier – DAS GLÜCK DER ERDE

Jupiterstärken Geduld, Großzügigkeit
Jupiterschwächen Bequemlichkeit

Ihr Glück liegt im ungestörten Genuß. Überfluß und Sicherheit bedeuten für Sie die Erfüllung Ihrer Wünsche. Natürlich würden Sie Ihr erstrebtes Glück, wenn es möglich wäre, herbeizaubern, aber Sie können auch warten. Wie ein Gärtner geduldig sät und die wachsenden Pflanzen hegt, damit sie zur vollen Größe gedeihen können, so überwachen Sie Ihr Hab und Gut, Ihre Anlagen und Talente und entwickeln sie zur vollen Reife.
Der Vergleich mit dem Gärtner ist auch in anderer Hinsicht passend. Denn Sie lieben die Natur. Eine Waldlichtung im Frühling erscheint Ihnen als Dom, und Sie sind Ihrem Schöpfer dort vielleicht näher als in einer Kirche. Die Natur zeigt Ihnen absolute Ordnung, Stimmigkeit und Erfüllung. Und Natur heilt. Sie heilt Sie, wenn Sie erschöpft oder krank sind. Sie brauchen sich nur unter einen Baum zu legen, und Sie fühlen sich sofort besser.
In der Natur finden Sie aber auch die Stoffe, um andere zu heilen. Nahrung, Heilkräuter, homöopathische Essenzen. Alles erhält durch Ihren Jupiter eine höhere Potenz, heilt und macht ganz. Sie sollten sich jedoch davor hüten, sich nicht im reinen Besitz zu verlieren: Ein Baum sammelt nicht die Erde, die ihn hält, er benützt sie, um in den Himmel zu wachsen.

Jupiter-Check
Wie habe ich Erfolg, inneres und äußeres Glück? Durch Geduld und Nähe zur Erde. Durch materiellen Wohlstand. Durch Liebe und Sinnlichkeit.
Wie kann ich helfen und heilen? Durch die Heilkräfte der Natur. Aber auch allein ihre Nähe beruhigt und heilt.

Jupiter in den Zwillingen – DAS SELBSTVERSTÄNDLICHE GLÜCK

Jupiterstärken Begeisterungsfähigkeit
Jupiterschwächen Ruhelosigkeit

Ihr Glück finden Sie im Alltäglichen, auf einem Wochenmarkt, im Zug, bei einer Unterhaltung mit Freunden und Bekannten. Aber auch zu Menschen, die Sie noch nicht kennen, finden Sie rasch einen Bezug und große Nähe. Dieses »kleine Glück« bedeutet Ihnen wesentlich mehr als die Suche nach großer und absoluter Erfüllung.
Sie haben eine enorme sprachliche Begabung und werden in Ihrem Leben bestimmt mehrere Sprachen lernen. Sie können auch gut schreiben und sprechen.
Um sich wohl zu fühlen, brauchen Sie die Geselligkeit, den verbalen Austausch und die lebendige Kommunikation. Unter Menschen finden Sie zu sich und fühlen sich aufgehoben im Ganzen der Schöpfung. Allein hingegen verlieren Sie Ihre innere Sicherheit und den tiefen Glauben, daß alles sinnvoll und von höherem Willen getragen ist. Daher ist es auch Ihre Aufgabe, Menschen miteinander zu verbinden, damit sie sich nicht als Individuen erfahren, die wie Robinson Crusoe »allein auf einer Insel« leben. Der Mensch ist ein soziales Wesen. Er wächst in einer Familie auf, schafft sich später seine eigene Familie, seine Arbeitswelt, seine Freunde. Selbst wenn er die Erde verläßt, geht er nicht in die Einsamkeit, sondern dorthin, wo sich immer schon alle aufhalten. Sie sind auf der Welt, um Menschen aus ihrer Einsamkeit zu befreien, in die sie irrtümlicherweise geraten sind.

Jupiter-Check
Wie habe ich Erfolg, inneres und äußeres Glück? In den »kleinen«, alltäglichen Dingen, die um Sie herum sind. Und in der Begegnung mit anderen.
Wie kann ich helfen und heilen? Durch gute Worte, aufmunternden Zuspruch, durch Zuhören und Teilnahme. Durch Schaffen von Verbindungen.

Jupiter im Krebs – DAS GLÜCK DES FÜHLENS

Jupiterstärken Suggestivwirkung, Phantasie
Jupiterschwächen Gefühlspathos, Mißbrauch

Glück finden Sie in Ihren eigenen und in den Gefühlen anderer. Auch Musik oder ein Gedicht weckt ein Ahnen, das Sie Ihrem Schöpfer näherbringt. Gott ist Ihrer Meinung nach ein Gefühl der Verschmelzung mit dem Strom, aus dem alles kommt, und dem Ozean, in den alles mündet.

Man könnte Sie auch einen »Seelentaucher« nennen, denn Ihre liebste Beschäftigung ist, in Ihre eigene oder die Seele anderer Menschen zu tauchen. Eine gesunde und heile Psyche ist für Sie unerläßlich, um zufrieden zu sein. Daher wenden sich auch andere Menschen an Sie, weil sie instinktiv spüren, daß Sie ihnen dabei helfen können, die eigene Seele zu heilen. So betrachtet sind Sie ein Lichtbringer, der anderen Frieden schenkt.

In der Familie sehen Sie den Anfang allen Glücks – aber auch den Anfang allen Elends. Sie werden daher nicht müde, die heile, sinnstiftende, ganzheitliche, befreiende Familie zu postulieren. In diesem Zusammenhang ist eines sehr wichtig: Sosehr Sie die Familie lieben, so fern liegt es Ihnen, nur Ihr eigenes Nest zu bewundern. Ganz im Gegenteil, fremde Sitten und Gewohnheiten sind Ihnen ebenso wichtig wie die eigenen. Am liebsten würden Sie in einer Gemeinschaft leben, die von Menschen der unterschiedlichsten Herkunft getragen wird.

Geborgenheit ist für Sie kein leeres Wort, sondern ein anderer Ausdruck für Erfüllung, Heimat, Göttlichkeit und Ewigkeit. Wie ein Seismograph erspüren Sie daher Unstimmigkeiten in Ihrer Umgebung, die Disharmonie verursachen und den Frieden stören können. Ihre großen heilerischen Fähigkeiten ermöglichen es, solche Dissonanzen zur Auflösung zu bringen. Hüten Sie sich aber davor, als Retter aufzutreten. Sie sind stark, wenn Sie gewisse Dinge einfach nur geschehen lassen.

Jupiter-Check

Wie habe ich Erfolg, inneres und äußeres Glück? Im Fühlen, in der Liebe, im Geben, in der Familie, in der Vergangenheit, bei den Ahnen.
Wie kann ich helfen und heilen? Durch aufdeckende Gespräche und Begleiten.

Jupiter im Löwen – DAS GLÜCK DER FREUDE

Jupiterstärken Herzenswärme, Großmut
Jupiterschwächen Eitelkeit, Dünkel

Glück bedeutet für Sie, die Möglichkeit zu haben, spontan und großzügig schenken zu können. Äußere Werte sind Ihnen deshalb nicht unwichtig, denn nur wer hat, kann geben. Aber Sie sind absolut kein Materialist, im Gegenteil: Wenn Sie nach Macht und Einfluß streben, dann nicht in erster Linie um persönlicher Vorteile willen, sondern weil Sie überzeugt sind, mit Ihrem Eintreten für Ihre Werte einen wichtigen Beitrag für die Allgemeinheit leisten zu können. Geben und großzügig sein zu können sind für Sie wesentliche Eigenschaften. Aber dieses Geben bezieht sich auf ganz andere Dinge als auf Geld und schöne Geschenke: In Ihnen lebt auch die Göttin der Muse, die nur geweckt werden möchte, um andere zu erfreuen, zu unterhalten, zu erheben. Als Künstler, Maler, Musiker, Bildhauer, Poet – darin steckt Ihre größte Erfüllung. Sie müssen jedoch nicht bühnenreif singen oder druckreif schreiben können, um Ihrer Bestimmung als »göttlicher Unterhalter« gerecht zu werden. Wo immer Sie unter Menschen sind, verbreiten Sie Ihren Optimismus. So liegt denn Ihre Bestimmung auch darin, anderen die Freude am Leben zu zeigen.
Wovor Sie sich hüten müssen, ist Ihr Stolz. Sie können nur schwer Kritik ertragen. Und wenn sich andere von Ihnen abwenden, erleben Sie das immer als persönlichen Affront. Bleiben Sie heiter! Tragen Sie das Feuer der Freude unter die Menschen! Aber achten Sie darauf, daß Sie niemanden damit verbrennen!

Jupiter-Check

Wie habe ich Erfolg, inneres und äußeres Glück? Durch lebendige Teilnahme am Leben. Durch Großzügigkeit. Durch die Kraft der Heiterkeit.
Wie kann ich helfen und heilen? Zeigen Sie anderen das Leben, wie Sie es wahrnehmen, als nährenden Urgrund, als göttlichen Spielplatz.

Jupiter in der Jungfrau – DAS GLÜCK DER GESUNDHEIT

Jupiterstärken Engagement, Bescheidenheit
Jupiterschwächen Zersplitterung

Glück ist für Sie die einfachste Sache der Welt, es liegt vor der Tür, es muß nur gefunden und aufgehoben werden. Sie sind daher auch kein Freund großangelegter und sich ewig hinziehender Expeditionen auf der Suche nach dem Glück. Entweder es ist hier – oder nirgends. Manchmal finden Sie das Glück in der Arbeit. Es stimmt Sie völlig zufrieden, wenn Dinge passen oder richtig ineinandergefügt sind und am Schluß eine Maschine läuft oder ein bestimmtes Programm Ergebnisse liefert. Manchmal finden Sie Ihr Glück in der Ordnung: Insbesondere die Natur ist Ihnen darin ein genialer Lehrmeister. Die Folge der Jahreszeiten, das Ineinandergreifen von Phasen des Wachstums und der Stagnation – das alles ist für Sie ein Ausdruck göttlicher Ordnung, die sich in Geschehnissen am Himmel tagtäglich und jahraus, jahrein wiederholt. Auf besondere Weise faszinieren Sie aber die Vorgänge im menschlichen Körper. Dieses tagtägliche Wunder von Nahrungsaufnahme und Verwandlung in Leben, das Ineinandergreifen von Atmung und dem Schlagen des Herzens, das alles ist für Sie ein sinnhafter Beweis göttlichen Wirkens.
Ihr Wissen über die Natürlichkeit und Göttlichkeit des menschlichen Seins befähigt Sie daher zum Heiler. Dafür müssen Sie nicht gleich Arzt, Heilpraktiker oder Psychotherapeut sein. Allein durch Ihre Nähe und Ihr Bewußtsein bewirken Sie bei anderen kleine Quantensprünge. Je weiter Sie selbst sind, um so eher können Sie anderen ein Vorbild sein. Wovor Sie sich hüten müssen, ist, Ihr wertvolles Wissen zu mißbrauchen. Wirken Sie durch Ihr gutes Beispiel und nicht durch Druck und Besserwisserei!

Jupiter-Check
Wie habe ich Erfolg, inneres und äußeres Glück? Im alltäglichen Tun. In der Arbeit. Im Gefühl der Ordnung.
Wie kann ich helfen und heilen? Durch bewußte Ernährung. Durch Studium von Körper und Geist. Durch Lernen von der Natur.

Jupiter sorgt dafür, daß uns ein Licht aufgeht

Jupiter in der Waage – DAS GLÜCK DER LIEBE

Jupiterstärken Toleranz, Lebenskünstler
Jupiterschwächen Eitelkeit, Genußsucht

Glück finden Sie in der Kraft der Liebe. Sie müssen nicht einmal selbst daran unmittelbar beteiligt sein. Auch wenn andere Menschen die Liebe finden, fühlen Sie sich angenommen, zu Hause, eins mit der Schöpfung. Noch göttlicher ist es natürlich, wenn die Liebe Sie selbst betrifft ... Auf einer Wolke schweben Sie, im Paradies sind Sie, im Himmel ... Liebe ist Ihrer Meinung nach Ursprung und Ziel allen Seins. Gott ist die Liebe, und das Leben entspringt aus ihr. Der Liebe geben Sie alles. Umgekehrt beschenkt Sie die Liebe auch. Sie erhalten die Fähigkeit, andere tief zu berühren, sie zu trösten, zu erfreuen und aufzubauen. Ihre Liebe ermöglicht es Ihnen, unterschiedliche Tendenzen und Wünsche aufzunehmen und in Einklang zu bringen. Sie finden immer wieder tragfähige Kompromisse, bei denen niemand der Verlierer ist. Ihr sicheres Geschick prädestiniert Sie für viele Tätigkeiten und Berufe, bei denen es auf Vermittlerqualitäten ankommt, zum Beispiel in der Politik, wenn es darum geht, Menschen mit den unterschiedlichsten Meinungen an einen Tisch zu bringen.
Auch der Kunst gehört Ihr Herz. Allerdings zählt für Sie nur das zur Kunst, was von Liebe getragen ist und Harmonie und Stimmigkeit ausdrückt. Im Grunde genommen schlummert in Ihnen selbst ein Künstler, der darauf wartet, seine Fähigkeiten zum Fließen bringen zu können.
Wovor Sie sich hüten müssen, ist, sich von Liebe und Harmonie einlullen zu lassen. Alles im Leben hat zwei Seiten. Zur Liebe gehört Auseinandersetzung und zur Harmonie Spannung. Nur wenn Sie das Gleichgewicht zwischen Harmonie und Spannung finden, ergibt sich vollendete Liebe.

Jupiter-Check
Wie habe ich Erfolg, inneres und äußeres Glück? Indem Sie verzeihen, lieben, empfangen und geben.
Wie kann ich helfen und heilen? Allein Ihre Nähe heilt.
Ihre Berührungen sind Labsal für Körper, Seele und Geist.

Jupiter im Skorpion – DAS GLÜCK DER TIEFE

Jupiterstärken Tiefgründigkeit, Spiritualität
Jupiterschwächen Exaltiertheit, Despotentum

Glück findet sich Ihrer Meinung nach auf dem Grund aller Dinge, nicht an der Oberfläche. Dieses Wissen haben Sie mit in die Welt gebracht. Es ist die Wahrheit, die Ihnen Ihr Jupiter verkündet und die Sie Ihrerseits weiterverbreiten. Sie kennen die Höhen und Tiefen menschlicher Existenz, und Sie lassen sich nicht blenden vom sogenannten schönen Schein.
Was die Welt wirklich zusammenhält, ist der ewige Kreislauf von Zeugung, Geburt, Leben und Tod. Alles war schon immer – und alles wird immer sein ... Daher nehmen Sie sich in besonderer Weise solcher Dinge an, die ausgegrenzt wurden aus diesem ewigen Kreislauf, aber unbedingt mit dazugehören. Zum Beispiel ist für Sie der Schatten ein notwendiger Teil des Lichts. Sie fühlen sich deshalb veranlaßt, sich für Schwächere einzusetzen oder aus der Gesellschaft Ausgeschlossene zu unterstützen. Sie wissen instinktiv, daß es dem Leben schadet, wenn nicht alle seine Seiten integriert werden. In Ihnen lodert das heilende Feuer Jupiters besonders stark und leidenschaftlich. Wie Pollux einst seinem toten Bruder Kastor in die Unterwelt folgte, um bei ihm zu sein, sind Sie bereit, die größten Unannehmlichkeiten auf sich zu nehmen, damit das Leben keinen Teil verliert. Sie sind daher der geborene Retter und Heiler, unabhängig davon, ob Sie diese Gaben in einem Beruf ausüben oder sie als selbstverständlichen Beitrag in Ihren Alltag einbringen.
Wovor Sie sich allerdings hüten sollen, ist, sich über das Schicksal zu stellen oder zu versuchen, ein unangenehmes, aber wichtiges Ereignis »ungeschehen« zu machen.

Jupiter-Check
Wie habe ich Erfolg, inneres und äußeres Glück? Durch Hinterfragen, In-die-Tiefe-Gehen, Abwarten und einfach Sein.
Wie kann ich helfen und heilen? Indem Sie sich derer annehmen, die von anderen Menschen ausgegrenzt werden.

Jupiter im Schützen – DAS GLÜCK DER HOFFNUNG

Jupiterstärken Idealismus, Expansion
Jupiterschwächen Schwärmerei, Naivität

Glück ist für Sie, unterwegs zu sein, auf Rädern, im Flugzeug, im Zug, auf dem Schiff. In Ihnen lebt die Geschichte aller fahrenden Völker, der Nomaden und Zigeuner, der Boten, herumziehenden Bader, Gaukler, Barden und Geschichtenerzähler. Letztlich ist es die große Suche, die Sie leitet und führt, die Suche nach dem ewigen Gral, nach Erleuchtung, nach der blauen Blume, nach der Quintessenz der Alchimie. Glaube ist für Sie Sehnsucht, Gott findet sich immer anderswo, auf dem Weg zu sein ist für Sie das Ziel.
So verbreiten Sie die Wahrheit des Vielen und nicht die des Einen. Deswegen sind Sie so tröstlich für diese Welt: Denn Sie kennen immer noch einen Weg, sehen stets eine weitere Möglichkeit. Nichts ist für Sie aussichtslos, viele Wege führen nach Rom, und kein Problem ist so groß, daß es nicht doch eine Lösung dafür gäbe.
Das Feuer, das Ihnen Jupiter in die Hände gibt, heißt »Hoffnung«, und wo immer Sie sind, keimt dieses Gut wie Samen in der Erde. Gegen Hoffnungslosigkeit, Borniertheit und Menschen, die anderen keine Chancen lassen, ziehen Sie regelrecht ins Feld. Auf Ihrem Banner stehen Gerechtigkeit und Menschenwürde, das sind Ihre fundamentalen Anliegen, für die Sie sich vehement einsetzen.
Wovor Sie sich hüten müssen, ist, das Kind mit dem Bade auszuschütten. In Ihrem heilsamen Krieg gegen die Blindheit der Menschen laufen Sie Gefahr, selbst blind und einseitig zu werden.

Jupiter-Check
Wie habe ich Erfolg, inneres und äußeres Glück? Durch die immerwährende Suche nach Sinn und Göttlichkeit.
Wie kann ich helfen und heilen? Durch Ihre hoffnungsvolle Art, Ihren Trost, Ihren Humor, Ihren Witz ...

Jupiter im Steinbock – DAS GLÜCK DES WISSENS

Jupiterstärken Führungsqualität, Ausdauer
Jupiterschwächen Lehrmeisterei

Glück ist für Sie, Ihre Arbeit getan zu haben und Ruhe und Sammlung dankbar zu genießen, ähnlich der Erde, die nach einer Phase der Dürre Regen dankbar aufnimmt. Glück ist für Sie aber auch, sich einer Sache vollständig zu verschreiben, ihr zu gehören, bis sie vollbracht ist. Darin gleichen Sie einem Bergsteiger, der nicht eher ruht, bis er auf dem Gipfel steht – und dort nach dem nächsten Ausschau hält. Sie sind daher ein Mensch, der sich selbst immer wieder antreiben und motivieren kann – nach höheren, größeren Zielen strebt.
Genauso können Sie anderen Vorbild und eine große Hilfe sein, zum Beispiel verzagten und ängstlichen Menschen. Sie sind auch eine Führungspersönlichkeit. Nicht eine, die durch große Reden andere zu beeindrucken sucht. Sie werden auch niemals andere voranschicken und selbst im Hintergrund warten. Sondern Sie gehen ihnen voraus. Um das zu leisten, was Sie sich vornehmen, brauchen Sie Kraft, Ausdauer, Zähigkeit. Daher trainieren Sie diese Eigenschaften, um sie zu verbessern.
Sie sind hart zu sich selbst, weil Sie wissen, daß Sie sich nicht schonen dürfen, wenn Sie Ihre Ziele erreichen wollen. Die gleiche Einstellung erwarten Sie allerdings auch von anderen, was manchmal dazu führt, daß diese Sie fürchten und Ihnen aus dem Weg gehen. Daher ist es für Sie wichtig zu erkennen, daß nicht alle Menschen aus dem gleichen (harten) Holz geschnitzt sind. Entwickeln Sie Geduld, Nachsicht und Toleranz für Ihre Mitmenschen, und Sie werden eines Tages den höchsten Berg bezwingen – den Berg der Weisheit.

Jupiter-Check
Wie habe ich Erfolg, inneres und äußeres Glück? Durch Arbeit und Übernahme von Verpflichtungen. Durch Demut. Durch Anstrengung und Leistung.
Wie kann ich helfen und heilen? Durch vorbildliches Verhalten. Durch richtige Führung.

Jupiter im Wassermann – DAS GLÜCK DES FORTSCHRITTS

Jupiterstärken Humanismus, Toleranz
Jupiterschwächen Autoritätskonflikte

Glück ist für Sie das Gefühl, vorwärtszuschreiten, nicht stehenzubleiben, sondern Ihren Idealen von einer besseren, gerechteren, liebevolleren Welt näherzukommen. Sie sind ein Utopist, beseelt von der Vorstellung einer Welt von morgen, in der Armut, Krankheit und anderes Leid überwunden sein werden. Und Sie unterstellen sich selbst dem Fortschritt, arbeiten für ihn, kämpfen für ihn.
Es geht Ihnen jedoch nicht allein um Ihre eigene Zukunft. Sie sind auch ein Menschenfreund, der immer an das Gute glaubt. Sie verfügen über ein großes soziales Verantwortungsbewußtsein. Und Sie suchen immer wieder nach neuen Aufgaben, bei denen Sie Schwächeren und Benachteiligten helfen können. Dabei unterstützen Sie die Eigenverantwortung und Autonomie jedes Menschen. Denn Sie wollen kein Helfer oder Missionar sein, der anderen in ihrer Not zwar hilft, sie aber in ihrer Unmündigkeit beläßt.
Ungleichheit zwischen den Menschen hassen Sie mehr als alles andere. Es fällt Ihnen daher auch schwer, unter einer straffen Hierarchie zu arbeiten und zu leben. Sie dulden keinen über, aber auch niemanden unter sich.
Das Feuer, das Ihnen Jupiter überreicht, ist die Kraft und Ihr Glaube an eine positive Zukunft. Das macht Sie für diese Welt besonders wichtig. Denn Ihrem Willen, Ihren Visionen ist es zu verdanken, daß wir uns immer weiterentwickeln und nicht stehenbleiben.
Von emotional geäußerter Kritik oder Ablehnung lassen Sie sich nicht irritieren, sondern arbeiten beharrlich an der Erreichung eines einmal gesetzten Zieles weiter.
Wovor Sie sich in acht nehmen müssen, ist, daß Sie das Alte nicht völlig verwerfen. Sie berauben sich sonst Ihrer eigenen Wurzeln. Dann ist aber auch der Fortschritt eine Illusion.

Jupiter-Check
Wie habe ich Erfolg, inneres und äußeres Glück? Durch Arbeit an einer besseren Zukunft.
Wie kann ich helfen und heilen? Durch Vermitteln von neuen Perspektiven. Durch solidarische Unterstützung. Durch Veränderung.

Jupiter in den Fischen – DAS GLÜCK DES SEINS

Jupiterstärken Liebe, Mitgefühl, Intuition
Jupiterschwächen »Helfersyndrom«

Glück bedeutet für Sie, eins zu sein mit der Schöpfung, so wie ein Tropfen, der ins Meer fällt, im Meer eins wird mit dem Ganzen. Ihr Leben richtet sich vollkommen nach dem Ideal der Selbstlosigkeit und dem Zurückstellen eigener Bedürfnisse hinter das Wohlergehen des größeren Ganzen.
Ihr Engagement für eine bessere, humanere, liebevollere Welt macht auch vor eigenen Konsequenzen nicht halt, und es kann sein, daß Sie, weil Sie beispielsweise Tiere als beseelt betrachten, kein Fleisch mehr essen. In besonderer Weise gilt Ihr Schutz all jenen, die selbst nicht in der Lage sind, sich zu schützen: Kindern, Kranken oder auch Tieren. Soziales Engagement ist für Sie kein Schlagwort, sondern ein selbstverständlicher Teil des Lebens.
Ihr Jupiter macht Sie sensibel für Ungerechtigkeit und Lieblosigkeit; und er schenkt Ihnen die Kraft und Fähigkeit, entsprechende Mißstände zu mildern. Sei es, daß Sie ein Arzt oder ein Krankenpfleger werden oder einer Umweltorganisation beitreten. Jupiter verleiht Ihnen eine besondere Magie, die Leid und Traurigkeit auflöst. Sie tun aber auch gut daran, diese besondere Fähigkeit weiterzuentwickeln, indem Sie Heilpraktiker werden oder sich mit Dingen beschäftigen, die Ihre Neigungen fördern.
Da Sie Ihre Aufmerksamkeit oft auf ferne Ideale legen, welche für Sie auch mit tiefempfundenen Gefühlen verbunden sind, macht Ihnen die Bewältigung des Naheliegenden und der Umgang mit der unmittelbaren, konkreten Wirklichkeit mitunter etwas Mühe. Des weiteren ist es wichtig, daß Sie sich als Helfer nicht mißbrauchen lassen. Sie sollten daran arbeiten, sich deutlicher abgrenzen zu können.

Jupiter-Check
Wie habe ich Erfolg, inneres und äußeres Glück? Durch Hingabe an das, was ist. Durch Liebe des Ganzen.
Wie kann ich helfen und heilen? Sie besitzen große heilerische Fähigkeiten, die Sie nur zum Fließen bringen müssen.

Das Saturnhoroskop – ZUM LEUCHTENDEN DIAMANTEN WERDEN

In der Astrologie gilt Saturn weithin als Übeltäter, als Verkörperung des Schlechten und Bösen. Er scheint es darauf abgesehen zu haben, uns das Leben so schwer wie irgend möglich zu machen. Wie der Drache im Märchen verkörpert er Gefahr, Schrecken, ja, zuweilen sogar den Tod. Daher finden sich alte Abbildungen, auf denen Saturn als Skelett mit Sense zu sehen ist, das alles erbarmungslos niedermäht. Saturn kennt kein Mitleid, keine Gnade. Er wirft den Menschen ihr Schicksal vor die Füße – und es bleibt nichts anderes, als es zu nehmen und zu tragen.

Aber es existiert doch auch eine andere, eine positive Seite. Wenn Saturn einen plagt, schikaniert, an den Abgrund heranführt, dann hilft er ebenso, sich gegen die Unbilden des Schicksals zu wappnen. Saturn bietet daher die Chance, stark zu werden. Er »schmiedet« den Menschen, macht ihn hart, widerstandsfähig, ausdauernd. Wer immer etwas Großes erreicht in seinem Leben, der schafft es mit Hilfe Saturns und seiner (oft) grausamen Wechselbäder. Dort, wo in unserem Horoskop der Planet Saturn steht, müssen wir also lernen, in die Schule gehen, dort werden wir gestreckt und zusammengeschoben, kritisiert und tyrannisiert, trainiert und behindert – bis wir Perfektion erlangen. Perfektion, Vollkommenheit, Reinheit – vom Rohling zum Diamanten: So läßt sich das Wirken Saturns zusammenfassen.

Und dennoch geht es dabei keineswegs ausschließlich um Härte, Ausdauer, Übung, Verzicht und unermüdliches Arbeiten an sich selbst. Der Weg zur Vollkommenheit führt unmittelbar am Fluß der Gnade entlang. Die Arbeit mit und durch Saturn besteht nicht nur aus Ehrgeiz und läuft auch nicht allein nach dem Motto »Gelobt sei, was hart macht!« Vielmehr schließt der Weg zur Vollendung ebenso Demut mit ein. Saturn ist kein kalter, gemeiner, fordernder Feind, dem gegenüber es sich nur zu wappnen und zu rüsten gilt. Er verlangt – nein, er verdient – auch Ehrfurcht und Liebe.

DIE ERMITTLUNG DES SATURNZEICHENS

Suchen Sie in der folgenden Saturntabelle Ihren Geburtstag, und entnehmen Sie Ihr Saturnzeichen, das Sie auf den entsprechenden Text im Anschluß verweist. (Siehe auch die Vorbemerkung am Beginn von Teil II dieses Buches.)

Die Saturntabelle

1920* Jungfrau, **1921** 1.1.–8.10. Jungfrau, 9.10.–31.12. Waage, **1922** Waage, **1923** 1.1.–20.12. Waage, 21.12.–31.12. Skorpion, **1924** 1.1.–6.4. Skorpion, 7.4.–14.9. Waage, 15.9.–31.12. Skorpion, **1925** Skorpion, **1926** 1.1.–2.12. Skorpion, 3.12.–31.12. Schütze, **1927–1928** Schütze, **1929** 1.1.–15.3. Schütze, 16.3.–5.5. Steinbock, 6.5.–30.11. Schütze, 1.12.–31.12. Steinbock, **1930–1931** Steinbock, **1932** 1.1.–23.2. Steinbock, 24.2.–13.8. Wassermann, 14.8.–19.11. Steinbock, 20.11.–31.12. Wassermann, **1933–1934** Wassermann, **1935** 1.1.–14.2. Wassermann, 15.2.–31.12. Fische, **1936** Fische, **1937** 1.1.–24.4. Fische, 25.4.–18.10. Widder, 19.10.–31.12. Fische, **1938** 1.1.–13.1. Fische, 14.1.–31.12. Widder, **1939** 1.1.–5.7. Widder, 6.7.–23.9. Stier, 24.9.–31.12. Widder, **1940** 1.1.–19.3. Widder, 20.3.–31.12. Stier, **1941** Stier, **1942** 1.1.–9.5. Stier, 10.5.–31.12. Zwillinge, **1943** Zwillinge, **1944** 1.1.–19.6. Zwillinge, 20.6.–31.12. Krebs, **1945** Krebs, **1946** 1.1.–2.8. Krebs, 3.8.–31.12. Löwe, **1947** Löwe, **1948** 1.1.–18.9. Löwe, 19.9.–31.12. Jungfrau, **1949** 1.1.–3.4. Jungfrau, 4.4.–29.5. Löwe, 30.5.–31.12. Jungfrau, **1950** 1.1.–20.11. Jungfrau, 21.11.–31.12. Waage, **1951** 1.1.–7.3. Waage, 8.3.–13.8. Jungfrau, 14.8.–31.12. Waage, **1952** Waage, **1953** 1.1.–22.10. Waage, 23.10.–31.12. Skorpion, **1954–1955** Skorpion, **1956** 1.1.–12.1. Skorpion, 13.1.–14.5. Schütze, 15.5.–9.10. Skorpion, 10.10.–31.12. Schütze, **1957–1958** Schütze, **1959** 1.1.–5.1. Schütze, 6.1.–31.12. Steinbock, **1960–1961** Steinbock, **1962** 1.1.–3.1. Steinbock, 4.1.–31.12. Wassermann, **1963** Wassermann, **1964** 1.1.–23.3. Wassermann, 24.3.–17.9. Fische,

* Siehe auch die Anmerkung zur Mondtabelle.

18.9.–15.12. Wassermann, 16.12.–31.12. Fische, **1965–1966** Fische, **1967** 1.1.–3.3. Fische, 4.3.–31.12. Widder, **1968** Widder, **1969** 1.1.–29.4. Widder, 30.4.–31.12. Stier, **1970** Stier, **1971** 1.1.–18.6. Stier, 19.6.–31.12. Zwillinge, **1972** 1.1.–10.1. Zwillinge, 11.1.–21.2. Stier, 22.2.–31.12. Zwillinge, **1973** 1.1.–1.8. Zwillinge, 2.8.–31.12. Krebs, **1974** 1.1.–7.1. Krebs, 8.1.–18.4. Zwillinge, 19.4.–31.12. Krebs, **1975** 1.1.–16.9. Krebs, 17.9.–31.12. Löwe, **1976** 1.1.–14.1. Löwe , 15.1.–4.6. Krebs, 5.6.–31.12. Löwe, **1977** 1.1.–16.11. Löwe, 17.11.–31.12. Jungfrau, **1978** 1.1.–5.1. Jungfrau, 6.1.–25.7. Löwe, 26.7.–31.12. Jungfrau, **1979** Jungfrau, **1980** 1.1.–20.9. Jungfrau, 21.9.–31.12. Waage, **1981** Waage, **1982** 1.1.–28.11. Waage, 29.11.–31.12. Skorpion, **1983** 1.1.–6.5. Skorpion, 7.5.–24.8. Waage, 25.8.–31.12. Skorpion, **1984** Skorpion, **1985** 1.1.–16.11. Skorpion, 17.11.–31.12. Schütze, **1986–1987** Schütze, **1988** 1.1.–14.2. Schütze, 15.2.–31.12. Steinbock, **1989–1990** Steinbock, **1991** 1.1.–6.2. Steinbock, 7.2.–31.12. Wassermann, **1992–1993** Wassermann, **1994** 1.1.–28.1. Wassermann, 29.1.–31.12. Fische, **1995** Fische, **1996** 1.1.–6.4. Fische, 7.4.–31.12. Widder, **1997** Widder, **1998** 1.1.–8.6. Widder, 9.6.–24.10. Stier, 25.10.–31.12. Widder, **1999** 1.1.–28.2. Widder, 1.3.–31.12. Stier, **2000** 1.1.–9.8. Stier, 10.8.–15.10. Zwillinge, 16.10.–31.12. Stier, **2001** 1.1.–20.4. Stier, 21.4.–31.12. Zwillinge, **2002** Zwillinge, **2003** 1.1.–3.6. Zwillinge, 4.6.–31.12. Krebs

Saturn im Widder – ÜBER DIE KRAFT HERRSCHEN

Saturnstärken Ehrgeizig, machtvoll, führungsbegabt, durchsetzungsstark, edel
Saturnschwächen Rechthaberisch, sarkastisch, bösartig, bissig, gemein

In Ihrem Leben geht es darum, Ihre Wildheit zu bändigen, Ihre Emotionen zu zügeln und Ihren persönlichen Willen einem höheren Ziel, einer Idee mit allgemeinem Wert unterzuordnen. Beschreiben ließe sich Saturn als »Pferdeflüsterer« und das Widderzeichen als wildes Pferd, aus dem ein edles Wesen werden soll, das seinem Reiter seine feurige Energie voll und gern zur Verfügung stellt.
Es besteht allerdings auch die Variante, die Wildheit zu brechen und sie zu unterdrücken. Das machen viele Menschen mit Saturn im Widder. Sie verdrängen und vergessen ihre Wildheit und sind schließlich im Besitz eines, um es salopp auszudrücken, alten Kleppers. Die andere Möglichkeit bedarf großer Geduld und harter Arbeit an sich selbst. Man muß die Auseinandersetzung mit dem Leben als Läuterungsprozeß begreifen und Kritik nicht als Verhinderung oder Bösartigkeit des Schicksals, sondern als einen Wink Saturns nehmen. Und es ist notwendig, Emotionen, Wünsche und Sehnsüchte zu hinterfragen und dem Prozeß der Läuterung unterzuordnen.

Saturn-Check
Wo muß ich mich Saturn beugen? Ich muß mein Feuer zähmen und Geduld lernen.
Auf welchen Wegen führt mich Saturn zum Erfolg? Durch Verhinderung, Kritik und Strafe – damit ich vollkommen werde.

Saturn im Stier – ÜBER DIE LUST HERRSCHEN

Saturnstärken Beharrlichkeit, Festigkeit, Standhaftigkeit, Sparsamkeit
Saturnschwächen Geiz, Gefühllosigkeit, Sturheit, Gier, Neid, Existenzangst

Menschen mit Saturn im Stier nehmen sich vom Leben mehr, als ihnen zusteht, und leiden dann unter den Folgen. Man ißt und trinkt mehr, als man verdauen kann – und nimmt zu, setzt Fett an, bekommt Bewegungsprobleme und wird unter Umständen krank. Des Mammons wegen arbeitet man mehr und härter, als einem guttut – und wird nervös, gestreßt und ist zum Schluß arbeitsunfähig. Man legt sein Geld in Geschäften an, die man nicht übersieht – und zu guter Letzt ergeht es einem wie Hans im Glück: Man besitzt gar nichts mehr. Man lebt also über seine Verhältnisse, und das von Kindesbeinen an. Dramatische Auseinandersetzungen mit Eltern und anderen Erwachsenen sind die Folge, wobei zunächst immer die anderen die »bösen, versagenden und mißgünstigen« Menschen sind. Aber es ist Saturn, der einem das Leben schwermacht. Er verlangt Verzicht, und das gerade dort, wo das Leben am meisten Spaß macht. Das ist ein harter, mühsamer, frustrierender Weg. Auf der anderen Seite entwickelt man auf diese Weise eine besonders feine Sinnlichkeit, wird zum Genießer der kleinen Dinge und der wirklichen Köstlichkeiten des Lebens. Auf dem Weg dorthin hält einem Saturn jedoch jede »Verfehlung« vor: Wer uneingeschränkt seiner Lust folgt, bekommt dafür früher oder später die Rechnung.

Saturn-Check

Wo muß ich mich Saturn beugen? Ich darf meiner Lust und meinen Wünschen nicht nachgeben. Auch gegenüber sämtlichen materiellen Werten – Geld und Reichtum – bedarf es Aufmerksamkeit.
Auf welchen Wegen führt mich Saturn zum Erfolg? Durch Leid, Schmerzen, Versagung und Verhinderung, unter Umständen auch durch Krankheit.

Saturn in den Zwillingen – ÜBER DIE LEICHTFERTIGKEIT HERRSCHEN

Saturnstärken Klarheit, Überblick, das Wesentliche erkennen, literarisches Geschick, geistige Wendigkeit
Saturnschwächen Die Wahrheit verdrehen, Unsicherheit, Besserwisserei, Charakterschwäche

Ihre Aufgabe ist es, sich im Leben nicht zu verzetteln, die Wahrheit zu finden und nicht ihren Schein, Wissen zu erwerben, das wirklich nützlich ist. Sie gehen Ihr Lebtag lang in eine Schule, in der Sie lernen, immer besser zu werden, immer mehr Kenntnisse zu erwerben. Aber dieses »Besser« und dieses »Mehr« sind nicht einfach quantitativ gemeint. Es geht um einen großen Reifungsprozeß.
Was ist der Grund, Sie dermaßen streng zu disziplinieren? – In Ihrer Persönlichkeit findet sich ein unglaublich leichtfertiger Anteil. Aus der Sicht des (Über-)Lebens heraus braucht es daher eine andere, eben die saturnische Kraft, damit Sie sich nicht aus dieser Leichtfertigkeit heraus selbst schaden. In Ihrer Tiefenpsyche herrscht also ein berechtigter Zweifel an Ihren Kontrollfunktionen. Das ist der Grund für die Strenge Saturns. Wenn Sie mit Ihrem Saturn in den Zwillingen behutsam und richtig umgehen, dann »schleifen« Sie sich selbst, werden nicht überheblich, sondern orientieren sich an anderen und suchen sich Lehrer und Meister, die Ihnen helfen, vollkommener zu werden.
Worauf Sie noch achten müssen: Mit dieser Saturnstellung neigt man zu einsamen Entschlüssen. Sozusagen als Gegenreaktion auf die Leichtfertigkeit wird man zum Dogmatiker und Besserwisser, zu einem, der alles mit dem Kopf checkt. Eine solche Haltung entspricht nicht dem Wunsch Saturns.

Saturn-Check
Wo muß ich mich Saturn beugen? Ich muß lernen, Kritik konstruktiv zu nehmen. Ich muß über sämtliche Konsequenzen meines Verhaltens Bescheid wissen.
Auf welchen Wegen führt mich Saturn zum Erfolg? Durch Verhinderung, Mißerfolg und Demütigung.

Saturn im Krebs – ÜBER DIE GEFÜHLE HERRSCHEN

Saturnstärken Selbstbeherrschung, seine Gefühle im Griff haben, zum Kern vordringen, Distanz, Wahrhaftigkeit, Zuverlässigkeit
Saturnschwächen Gefühlskälte, Rückzug, Mißtrauen, Pessimismus

Ihr Saturn hat Sie auf eine besondere Lebensreise geschickt: Aus einem Wesen, das seinen Gefühlen und Instinkten folgt, soll ein Mensch werden, der sein Leben nach Einsicht, Wahrheit und höherem Wissen steuert. Der Weg ist überaus schwierig und schmerzlich. Saturn hat Ihnen nämlich Angst vor dem Glück und sogar vor der Liebe eingepflanzt. Als wäre es für Sie verboten, Zufriedenheit zu kosten. Als müßten Sie immer wieder die Erfahrung machen, daß das Leben bitter ist.
Woher kommen diese Ängste? – Ihre Psyche ist geprägt von traumatischen Erfahrungen. Es kann sein, daß diese Erfahrungen aus früheren Leben stammen. Es ist aber genauso möglich, daß Sie mit bestimmten existentiellen Erfahrungen Ihrer Ahnen verbunden sind. Jedenfalls lebt in Ihnen die Angst fort, Ihre Gefühle könnten mißbraucht werden, so wie es schon einmal geschehen ist. Deswegen mißtraut Saturn grundsätzlich allen Gefühlen. Es ist reiner Schutz. Sie sollen über die Gefühle hinauswachsen, unabhängig und frei von ihnen werden. Aber Sie dürfen Saturn auch nicht zum Alleinherrscher über Ihr Leben erheben und grundsätzlich vor Gefühlen davonlaufen. Sie sollen klüger, erfahrener ins Leben treten, damit Ihnen nichts Schlechtes widerfährt. Ziel Ihres Lebens ist, Ihre Vergangenheit zu überwinden, nicht vor ihr zu kapitulieren. Stellen Sie sich Ihren Gefühlen! Sie sind kein Kind mehr, das man verletzen kann. Sie sind eine erwachsene, starke Person!

Saturn-Check
Wo muß ich mich Saturn beugen? Ich muß lernen, über meine Gefühle hinauszuwachsen.
Auf welchen Wegen führt mich Saturn zum Erfolg? Durch Angst, Schmerzen, Versagung und Leid.

Saturn im Löwen – ÜBER DAS EGO HERRSCHEN

Saturnstärken Selbstbeherrscht, erhaben, edel, vollendet sein
Saturnschwächen Arrogant, selbstherrlich sein

Mit Saturn im Löwen ist man dafür bestimmt, das Höchste anzustreben – und muß doch immer wieder die Erfahrung machen, ganz unten zu sein. Diese Saturnposition schmiedet Menschen, die Ruhm und Ehren erwerben, Meister und Führungspersönlichkeiten. Aber der Weg dorthin ist beschwerlich; es muß viel erduldet, durchgemacht und verstanden werden. Das Leben pendelt zwischen Macht und Ohnmacht, zwischen Stolz und Scham hin und her. Allmählich entwickelt man Angst vor Macht, Verantwortung und Erfolg – und wird doch auch regelrecht davon angezogen.
Saturn im Löwen kann mit der Zeit zu Unlust dem Leben gegenüber führen. Dagegen muß man dann selbst »zu Felde ziehen«. Zuvor braucht es die Einsicht, was Saturn eigentlich bezwecken möchte. Diese Saturnposition ist die Folge von Machtmißbrauch. Vielleicht hat man in einem früheren Leben versagt, die Verantwortung nicht übernommen. Vielleicht trägt man aber auch an einer Schuld der eigenen Ahnen.
Saturn im Löwen »erzieht« einen dazu, sein Wirken, sein Verhalten und Sein zu überdenken und hinsichtlich sämtlicher Konsequenzen zu verantworten. Dazu gehört im besonderen das Verhalten als Vater bzw. Mutter den eigenen Kindern gegenüber. Man muß die Verantwortung selbst dann übernehmen, wenn man nach gängiger Meinung davon freigesprochen wird, wie zum Beispiel bei einer Krankheit oder einem Unfall.

Saturn-Check
Wo muß ich mich Saturn beugen? Ich muß lernen, Verantwortung zu übernehmen.
Auf welchen Wegen führt mich Saturn zum Erfolg? Er behindert mich, ich werde gedemütigt, kritisiert.

Saturn in der Jungfrau – ÜBER DEN KÖRPER HERRSCHEN

Saturnstärken Treue, Anhänglichkeit, Arbeitseifer, Selbstkontrolle, Genügsamkeit
Saturnschwächen Ernst, Pedanterie, Kritiksucht

Wenn sich Saturn in der Jungfrau niederläßt, trifft Kontrolle auf Kontrolle. Denn allein das Zeichen Jungfrau bedeutet, daß man seine Gefühle, seine Triebe, seinen Sex, seinen gesamten Körper im Griff hat. Wenn dann Saturn noch hinzukommt, verdoppelt sich die vorsichtige und kritische Einstellung. Bei dermaßen viel Skepsis muß in der Vergangenheit (in einem früheren Leben, in der eigenen Ahnenreihe) etwas geschehen sein, das große Angst hervorgerufen hat: Angst vor Sexualität und dem damit verbundenen Akt der Zeugung, Angst vor Schwangerschaft und Geburt. Saturn in der Jungfrau verweist auf ein »Versagen« in diesem Bereich: Vielleicht mußte eine Schwangerschaft abgebrochen werden, möglicherweise kam ein Kind tot zur Welt, oder beide, Mutter und Kind, kamen zu Tode.
Saturn in der Jungfrau schiebt jetzt einen Riegel vor Sex und Zeugung, blockiert die Gefühle, verringert die Lust, versucht, aus dem »Tiermenschen« mit seiner Abhängigkeit von Lust und Trieben einen Homo sapiens im wahrsten Sinne des Wortes, einen »weisen« Menschen, zu machen. Saturn verhindert also und weckt zugleich die Sehnsucht, das Körperhafte des Lebens zu transformieren, ein Wesen zu sein, dessen Energie nicht den Lenden, sondern dem Geist entspringt. Das heißt beileibe nicht, gleich in ein Kloster zu ziehen. Aber sich mit diesem Thema auseinanderzusetzen, das bleibt niemandem erspart, der Saturn in der Jungfrau hat.

Saturn-Check
Wo muß ich mich Saturn beugen? Ich muß lernen, meine Lust zu kontrollieren.
Auf welchen Wegen führt mich Saturn zum Erfolg? Durch Versagen, Enttäuschung, Krankheit und – last, not least – Einsicht.

Saturn in der Waage – ÜBER DIE LIEBE HERRSCHEN

Saturnstärken Gerechtigkeitssinn, Ausgewogenheit, wahrhaftig lieben können
Saturnschwächen Disharmonie, Unzufriedenheit, Gefühlskälte, Einsamkeit

Saturn in der Waage bedeutet die lebenslange Aufforderung, nach der »richtigen, wahren« Liebe zu suchen. Ihr gilt das ganze Sehnen und Streben. Um sie zu finden, müssen jede Menge Enttäuschungen verkraftet werden. Denn was man für Liebe hält – den Rausch der Sinne, überwältigende Gefühle, Herz und Schmerz –, hat vor Saturn noch lange keinen Bestand. In seinen Augen heißt Liebe, daß sich Ich und Du, der eine und der andere, gleichwertig gegenübertreten. Niemand ist kleiner oder größer, gescheiter oder dümmer, wichtiger oder unbedeutender, reifer oder naiver. Das klingt einfach und ganz selbstverständlich, ist es aber nicht. Menschen haben von Natur aus das Bestreben, sich selbst zu verwirklichen, andere (und dazu zählen auch Partner) hingegen hintanzustellen. Darüber hinaus besteht Saturn auf Zuverlässigkeit. Vor ihm zählt noch das »eherne Gesetz«: »... bis daß der Tod uns scheidet!«
Es müssen gravierende Dinge geschehen sein (in einem früheren Leben, in der Ahnenreihe), daß jetzt Saturn persönlich über die Liebe wacht. Es kam zu unwürdigem Verhalten. Jemand wurde im Stich gelassen. Die Liebe wurde verraten. Herzen wurden gebrochen ... Jetzt »zahlen« Sie dafür. Aber es ist keine Rache oder Strafe. Saturn macht Sie stark, damit Sie die gleichen Fehler vermeiden. Er bringt Sie auf den Weg, und er läßt Sie leiden, solange Sie nicht angekommen sind.

Saturn-Check
Wo muß ich mich Saturn beugen? Ich muß lernen, verbindlich zu sein.
Auf welchen Wegen führt mich Saturn zum Erfolg? Durch »falsche« Liebe, Liebeskummer und Alleinsein.

Saturn im Skorpion – ÜBER DIE VERGÄNGLICHKEIT HERRSCHEN

Saturnstärken Tiefe, Zugehörigkeit, Willenskraft, Verbundenheit mit den Ahnen
Saturnschwächen Engstirnigkeit, Fanatismus

Saturn im Skorpion verweist auf tragische, leidvolle Erfahrungen. Könnte man sein Leben rückwärts ablaufen lassen, so würden rasch Szenen auftauchen, in denen man auf der Flucht, vertrieben, ohne Heimat, ohne Zugehörigkeit, ohne Familie ist. Auch bei den Ahnen, den Eltern, Großeltern und noch weiter zurück herrschen diese Themen vor. Man hat keine richtigen Wurzeln, kein Erbe, das man übernehmen, keine Fußstapfen, in die man treten kann. Wenn man zurückschaut, finden sich Leben ohne Glanz, ohne Würde, ohne Höhepunkte. Daher drängt einen Saturn mit aller Macht dazu, seinem Leben einen Wert zu verleihen. Denn das Gefühl, daß die eigenen Ahnen ein würdeloses Leben führen mußten, formt sich in den Seelen der Nachkommen zu einem großen, mächtigen Anspruch, es besser zu machen, den Gipfel zu ersteigen.
Saturn im Skorpion veranlaßt einen, die dünnen Fäden aus der Vergangenheit aufzuspüren und im Lauf des Lebens ein Netz daraus zu knüpfen – um so wieder einen Halt zu finden. In der Weise, wie man sich umdreht und vor der Vergangenheit verneigt, bekommt man eine Verbindung zu den Ahnen und der eigenen Vergangenheit und erhält Kraft und Wissen. Das ist der »Dank der Ahnen«. Weil man sich ihrer annimmt, erfährt man ihren Schutz, steht nie allein im Leben. Hinter einem steht die Kraft der Vergangenheit.

Saturn-Check
Wo muß ich mich Saturn beugen? Ich muß mich vor der Vergangenheit verneigen.
Auf welchen Wegen führt mich Saturn zum Erfolg? Durch hohe Ansprüche an mich selbst und mein Leben.

Saturn im Schützen –
ÜBER WAHRHEIT UND WISSEN HERRSCHEN

Saturnstärken Pioniergeist, Mut, Weisheit, Stärke, Wahrhaftigkeit
Saturnschwächen Dünkel, Zynismus, Grausamkeit

Saturn im Schützen bedeutet eine Reise zu sich selbst. Es ist, als würde dieser Planet zu einem sagen: »Such deinen eigenen Weg! Laß dich nicht von anderen beeinflussen. Hör nur auf dich ...!« Diese starke Hinwendung zu sich selbst und gleichzeitige Abkehr von anderen beruht auf einer Reihe großer Enttäuschungen in der Vergangenheit (der eigenen bzw. derjenigen der Ahnen), bei denen der Glaube an andere Menschen verlorenging: Vielleicht versagte ein Arzt, es unterlief ihm ein Fehler, oder er gab sich zuwenig Mühe. Vielleicht wurde man auch in seinem Glauben zutiefst erschüttert, weil »Gott« etwas Schreckliches zuließ, einem nicht beistand. Es gehört auch zur Vergangenheit von Menschen mit Saturn im Schützen, daß man – um zu überleben – seinem Glauben abschwören mußte. Jedenfalls bestand am Anfang eine große Hoffnung, die schließlich in eine große Enttäuschung mündete.
Mit Saturn im Schützen hat man einen Vertrauten an seiner Seite, einen, der hilft, derartige Enttäuschungen zu vermeiden. Mit diesem Saturn ist man von vornherein skeptisch. Man kommt bereits mit Mißtrauen auf die Welt, und im Lauf der Jahre gewöhnt man sich immer stärker daran, alles in Frage zu stellen. Man wird ein Mensch, der zwischen Illusion und Wahrheit genau unterscheiden kann. Man wird weise.

Saturn-Check
Wo muß ich mich Saturn beugen? Ich muß lernen, mir selbst immer mehr zu vertrauen.
Auf welchen Wegen führt mich Saturn zum Erfolg? Durch Enttäuschungen, Fehlschläge und Irrwege.

Saturn im Steinbock – ÜBER SICH HERRSCHEN

Saturnstärken Klarheit, Standhaftigkeit, Verantwortlichkeit, Führungskompetenz, Selbstbeherrschung
Saturnschwächen Kälte, Rücksichtslosigkeit, Einsamkeit

Mit dieser Position besitzt man einen besonders mächtigen Saturn. Das beruht darauf, daß er der regierende Planet des Tierkreiszeichens Steinbock ist. Man sagt, er sei dort zu Hause und könne sich gut entfalten, seine Kraft verdoppelt sich im Steinbock. Auf der einen Seite führt das dazu, daß Sie kontinuierlich an einer Lebensaufgabe arbeiten. Sie lautet: etwas Großes im Leben vollbringen! Auf der anderen Seite führt diese doppelte Saturnkontrolle dazu, sich selbst zu mißtrauen: Sie haben Angst vor sich selbst, Ihren Gefühlen, Ihren Absichten, Ihrem Tun.
Diese Angst hat ihre Wurzeln in der Vergangenheit (in einem früheren Leben, im Leben Ihrer Ahnen), in der Sie bzw. Ihre Vorfahren ausgenutzt, manipuliert oder sogar mißbraucht wurden. Zu denken ist auch an Verführung oder gewalttätigen Mißbrauch von Kindern, wohl die verwerflichste Untat. Irgend etwas dieser Art ist geschehen, daß Sie sich heute nicht mehr selbst vertrauen. Für Sie sind Menschen gefährlich, unberechenbar, zu allem fähig.
In der Weise, wie Sie älter werden und sich selbst beweisen, daß das Leben, Sie, die anderen berechenbar sind, werden Sie neues Vertrauen schöpfen. Sie werden neue Gefühle entdecken, Gefühle, die weniger aus dem Bauch, sondern aus dem Herzen kommen. Sie können lieben und mit anderen Menschen zusammensein. Aber Sie können auch allein sein. Sie sind unabhängig, selbständig, und Ihr Leben wird getragen von Stimmigkeit und Zufriedenheit.

Saturn-Check
Wo muß ich mich Saturn beugen? Ich muß lernen, Herr meiner selbst zu sein.
Auf welchen Wegen führt mich Saturn zum Erfolg? Durch Angst, Vorsicht, Enttäuschung.

Saturn im Wassermann – ÜBER DAS CHAOS HERRSCHEN

Saturnstärken Individualität, Erfindertum, Menschlichkeit
Saturnschwächen Chaotisch, verwirrt und verrückt sein, Hochstapelei

Menschen mit Saturn im Wassermann suchen etwas besonders Wertvolles im Leben, nämlich Individualität. Individualität ist kostbar. Zwar sagt man leicht dahin, jeder sei ein Individuum. Aber das ist hier nicht gemeint. Ein Individuum in diesem Sinne besitzt einen ganz eigenen Charakter, etwas völlig Besonderes und Einmaliges. Dadurch unterscheidet sich der einzelne von allen anderen Menschen, vergleichbar einem einzeln stehenden Baum in einer Landschaft.
Dieser Wunsch nach Individualität ist uralt. Sie tragen ihn schon lange (viele Leben, durch Generationen hindurch) mit sich herum. Sie sind aus der Gesellschaft ausgebrochen, haben Ihre Familie verlassen – immer auf der Suche nach Freiheit, nach Individualität. Sie haben Menschen mit anderem Glauben, aus anderen Ländern und aus anderen sozialen Schichten geliebt. Kinder kamen, noch bevor ein längeres Zusammenleben überhaupt zur Diskussion stand. Sie selbst entstammen letztendlich einer derartigen »Augenblicksverbindung«. Sie verdanken Ihr Leben einem »Zufall«, einer Laune des Lebens und der Spontaneität und Freiheit Ihrer Vergangenheit.
Aber Sie waren auch blind und unwissend und erlebten daher grandiose Irrungen und Verwirrungen. Sie erlitten die große Angst vor dem Chaos, vor einem Sein ohne Ordnung und Sicherheit. Sie wurden ausgestoßen und verbannt, verjagt und geächtet. – Jetzt begleitet Sie Saturn. Sie werden Ihr freies Leben fortführen und sich dabei immer sicherer am Chaos vorbeimanövrieren.

Saturn-Check
Wo muß ich mich Saturn beugen? Ich muß lernen, meine Individualität zu leben, ohne im Chaos unterzugehen.
Auf welchen Wegen führt mich Saturn zum Erfolg? Durch Reinfall, Bruchlandung und Fehlentscheidung.

Saturn in den Fischen – SEIN MITGEFÜHL BEHERRSCHEN

Saturnstärken Toleranz, Opferbereitschaft, Weitblick, Visionen
Saturnschwächen Ich-Schwäche, Isolation, Selbstzweifel

Saturn in den Fischen bedeutet ein Geheimnis. Wie im Märchen wird Ihnen aufgetragen, sich auf eine Reise zu begeben. Wohin? Vielleicht zum Ende des goldenen Regenbogens. Oder ans Ende der Welt. Oder nirgendwohin. Mit Saturn in den Fischen ist einem zwar ein Geheimnis in die Wiege gelegt – aber mehr weiß man nicht. Das Geheimnis hat damit zu tun, daß in Ihrer Vergangenheit (in einem früheren Leben, in Ihrer Ahnenreihe) jemand verschwiegen wurde: ein Kind, eine andere Frau, der richtige Vater ... Dieses verleugnete, verschwiegene, verheimlichte Leben fehlt jetzt Ihrer Seele, und sie sucht danach, ohne daß Sie es selbst bewußt wahrnehmen.
In Ihrer Vergangenheit existieren solche Geschehnisse. Von daher haben Sie ein besonderes »Organ« für Unrecht und Lüge. Wo immer in dieser Welt Unrecht geschieht, leiden Sie mit. Jedes Leid zieht Sie regelrecht an. Aber das hat auch fatale Folgen für die Liebe. Sie neigen dazu, sich einen Partner zu suchen, der ganz besonders der Liebe bedarf, weil er unglücklich ist. Dann können Sie ihm – so glauben Sie zumindest – all das angedeihen lassen, was in der Vergangenheit nicht geschehen ist: grenzenlose Liebe. Sie nehmen ihn an. Sie sind für ihn da. Sie verstoßen ihn nicht.
Aber das ist der falsche Weg. Sie müssen mit der Vergangenheit fertig werden und sie nicht ständig vor sich hertragen. So wiederholen Sie Ihr Karma nur. Sie müssen nicht aufhören, andere zu lieben. Aber Sie dürfen das rechte Maß nicht aus dem Auge verlieren.

Saturn-Check
Wo muß ich mich Saturn beugen? Ich muß mich mit meiner Vergangenheit auseinandersetzen.
Auf welchen Wegen führt mich Saturn zum Erfolg? Durch Desillusionierung und Enttäuschung.

Schon immer suchte der Mensch einen Halt bei den Sternen

Info:

IHR PROFESSIONELL ERRECHNETES HOROSKOP

Im Computerzeitalter ist es ein leichtes, die exakte Horoskopzeichnung eines Menschen in Sekundenschnelle anzufertigen, wenn man die dazu erforderlichen Daten (siehe unten) eingegeben hat. Es dauert auch nicht lange, bis der Rechner dann die entsprechenden Deutungen aus Textbausteinen zusammenstellt. Daher gibt es inzwischen zahlreiche Anbieter, bei denen Sie mehr oder weniger preisgünstig Horoskope mit und ohne Interpretation erhalten können.
Beim Verfasser dieses Buches kann man gegen Vorauszahlung von 20,– DM/10,– Euro (in bar oder als Scheck; ab 2002 bitte in Euro) ein Geburtshoroskop (nur Zeichnung) bestellen. Bitte Name, Adresse, Geburtstag, Geburtszeit (gegebenenfalls beim Standesamt des Geburtsortes erfragen) und Geburtsort (bei kleineren Orten auch zusätzlich die nächste größere Stadt) angeben.
Wenn Sie möchten, können Sie hier auch eine vom Computer erstellte Persönlichkeitsanalyse anfordern. Der Preis für die etwa zwanzig Seiten umfassende Interpretation beträgt 60,– DM/30,– Euro inklusive Horoskop.
Sie können ebenso eine vom Computer berechnete Jahresprognose bestellen. Die kleine Vorausschau (zirka 15 Seiten, nur langsam laufende Planeten) kostet 60,– DM/30,– Euro. Die große Vorausschau (etwa 50 Seiten mit Merkur, Venus und Mars) kostet 80,– DM/40,– Euro (bitte Zeitraum angeben).
Sie haben dann eine zuverlässige Vergleichsmöglichkeit und können Ihre ganz individuellen Prognosen mit Büchern wie diesem abstimmen.

Die Adresse:

Erich Bauer
Postfach 22 11 15

80501 München